„Der Staat soll den Bürgern viel geben und wenig nehmen.“

Frédéric Bastiat

Es gibt keinen Weg zur Freiheit, die Freiheit ist der Weg!

In Anlehnung an Gandhi

"Das Geheimnis des Glücks ist die Freiheit,
das Geheimnis der Freiheit aber ist der Mut..."

Perikles

Michael von Prollius

Auf der Suche nach einer anderen Ordnung

Forum Freie Gesellschaft

Bibliografische Information der Deutschen Nationalbibliothek:

Die Deutsche Nationalbibliothek verzeichnet diese Publikation in der Deutschen Nationalbibliografie; detaillierte bibliografische Daten sind im Internet über http://dnb.dnb.de abrufbar.

Herstellung und Verlag: BoD - Books on Demand, Norderstedt
Umschlaggestaltung: Björn von Prollius
Layout: Susanne Junge

ISBN: 978-3-7357-7958-8

Inhalt

Vorwort

Die ordnungspolitische Lage Deutschlands und Europas ist hoffnungslos, aber nicht ernst. Euro und Energiepolitik sind Mühlsteine am Hals der Bürger. Demographie, Staatsverschuldung und ausstehende Reformen der Sozialsysteme belasten als Dauerprobleme gleich mehrere Generationen. Die damit verbundenen Lasten werden allen voran die deutschen Steuer- und Abgabenzahler schultern müssen. Noch gravierender als die Rechnungen, die sich aufgrund einer mangelnden politischen Reformbereitschaft und einer aus dem Ruder gelaufenen politischen Allzuständigkeit aufstauen, ist indes der Verlust dessen, was man nicht sieht.

An allererster Stelle steht die schleichende Aushöhlung und Zerstörung des Rechts. Geschürte Krisen wie der Klimawandel und seine Auswirkungen, die vermeintliche bevorstehende Endlichkeit der Rohstoffe und die Atomangst werden zusammen mit tatsächlichen, noch verschärften Krisen wie die des Euro und der EU genutzt, Gesetze zu schaffen, die die Gleichheit des Rechts aufheben und Privilegien schaffen. Schwerer wiegt indes, dass der staatlich-bürokratisch-wirtschaftliche Komplex das Verhältnis zwischen Herrschaft und Bürgern weiter verschiebt. Der Staat beschränkt sich keineswegs auf Dienstleistungen mit vor allem hoheitlichen Aufgaben, sondern droht als gigantische dirigierende und umverteilende Anstalt die Bürger zu degradieren, und zwar zu einer manipulierten Verfügungsmasse der herrschenden Klasse. Das Heer der Profiteure, vermeintlich Begünstigten und politischen Scheuklappenträger ist indes so stark angeschwollen, dass der Weg in die Sackgasse beharrlich als alternativlos gepriesen wird.

Im Rückblick und im Grenzen überschreitenden Vergleich blitzt eine verborgene Ordnung manchmal auf: Parteienstaat versus Rechtsstaat, Staatstelefone versus Innovationsvielfalt und Innovationsgeschwindigkeit von Telekommunikationsunternehmen, ferner nur im Ausland erhältliche Arzneimittel, aber auch echte Elite-Schulen und Elite-Universitäten mit Stipendien für Bedürftige gehören dazu.[1] Bekannt sind befreiende Strukturreformen, ob nach dem Zweiten Weltkrieg in Deutschland, in den siebziger und achtziger Jahren in Großbritannien, in den neunziger Jahren in Neuseeland und sogar in den skandinavischen Staaten. Auch die Transformation ökonomischer Esel in kraftstrotzende Tiger gehört dazu wie im Fall von Singapur, aber auch der Türkei. Das Rezept ist weltweit gültig. Es lautet: *Wirtschaftliche Freiheit schafft Wohlstand für alle!* Wirtschaftliche Freiheit ist zudem die entscheidende Voraussetzung für Bürgerfreiheit und politische Freiheit.

Was man aus ordnungspolitischer Perspektive sehen kann, hat Roland Baader prägnant so zusammengefasst: „*Die Politik kann die ökonomischen Gesetze nicht außer Kraft setzen, aber sie kann so tun, als ob sie dazu in der Lage wäre. Leider dauert es eine ganze Weile, bis diese Täuschung ihre jeweils desaströsen Wirkungen voll entfaltet und damit offensichtlich wird.*“ Tatsächlich werden weit überwiegend Regelungen erlassen, die das Handeln der Menschen beschränken und das Leben komplizierter machen, statt die Entscheidungsfreiheit der Bürger zu unterstützen. Dabei werden die Politiker vom unerschütterlichen

---

[1] Besonders anregend sind Diskussionen in den USA über das minimalinvasive Staatsverständnis der Gründerväter. Auch in Europa und Deutschland gibt es ein Erwachen unabhängiger, klarsichtiger Menschen, die dem grassierenden Samtpfotensozialismus die Ideale von Aufklärung, Freiheit und Selbstverantwortung entgegenstellen; ihr Kreis ist klein und wächst, ein herausragend positives Beispiel sind die Students for Liberty.

Glauben an den Primat der Politik in ihrer Fesselungspraxis von den Wählern und der Masse der Medien auch noch animiert, die wiederum von den Parteien alimentiert und hofiert werden. Zwar reden viele Bürger von Freiheit, aber wirklich lieben tun sie sie nicht.

Die Gründe dafür sind vielfältig. Bei der Masse der Intellektuellen spielt die Hybris der Vernunft, der Mythos der Machbarkeit, der Glaube an eine umfassende Gestaltbarkeit der Welt eine Rolle. Und gerade diese Menschen sind entweder auf einem Auge blind oder sie pflegen eine Abneigung gegen unsichtbare Hände. Um den klassisch-liberalen Ökonomen Roland Baader noch einmal aus seinem Band „totgedacht“ zu zitieren: „*Also entwickelt gerade der Verstandeswerker eine instinktive Feindschaft gegen spontan entstehende und sich nach ungeplanten Gesetzmäßigkeiten fortentwickelnde Ordnungen.*“ Das Beispiel par excellence für eine ungeplante Ordnung ist die Marktwirtschaft. Zugleich ist die Marktwirtschaft die Ordnung, die das allgegenwärtige Koordinationsproblem knapper Ressourcen mit Abstand am besten löst. Leider kann sie das nur eingeschränkt tun, weil sie durch permanente Eingriffe gestört wird. Diese Störungen werden dann der Marktwirtschaft angelastet.

Dieser Band ordnungspolitischer Analysen und Kommentare besteht aus Beiträgen, die auf der Internetseite von Forum Ordnungspolitik, darüber hinaus vielfach auch in anderen Medien publiziert wurden.[2] Gemeinsam ist ihnen die *Suche nach einer anderen Ordnung*. Wie die Ordnung genau aussieht, ist unklar und soll es auch bleiben. Sie wird das Ergebnis der Bemühungen und Entdeckungen vieler sein. Klar ist jedoch, dass sie die Prinzipien der guten alten Ordnung aufgreift, die den Westen ausmacht. In ihrem Mittelpunkt steht die Freiheit, die durch das Recht als Infrastruktur geschützt wird. Der Wahlspruch der alten Ordnung lautet bekanntlich *Laissez-nous faire*!

---

[2] Die Texte sind hier in sanft überarbeiteter Form wiedergegeben. Hinweise auf Quellen der Veröffentlichung wurden nur dann vorgenommen worden, wenn eine Publikation außerhalb von Forum Ordnungspolitik erfolgt ist.

Ludwig Erhard charakterisierte die Herausforderung in einer Rede vor der Mont Pèlerin Society 1968 während der ersten Großen Koalition Deutschlands wie folgt: „*Die schon mit einer Beschränkung der individuellen Freiheit verbundene staatlich manipulierte Ordnung macht in der Regel immer weitere und erweiterte Eingriffe in das sozialökonomische Geschehen erforderlich, die mit neuen Verlusten an Freiheit zu bezahlen sind. Ich predige kein ‚Hand-in-den-Schoß-legen', wenn ich beklage, dass wir offenbar nicht mehr die Nerven haben, Prozesse ablaufen zu lassen oder auf selbstheilende Kräfte zu vertrauen. Viele fordern vielmehr Aktionen, weil sich nur mit ihnen Ruhm ernten lässt.*"

Das Verhältnis von Staat und Gesellschaft gehört längst auf den Kopf gestellt. Ausgerechnet von einer hochrangigen Regierungsvertreterin Chinas stammt die Parole: „*We are in a transition from a big state to a small state, and from a small society to a big society.*" Damit ist auch eine Antwort auf die Frage gegeben, wie man Menschen helfen kann. Für den gleichwohl erforderlichen Minimalstaat bleiben noch „*minimalinvasive*" Aufgaben, um den treffenden Begriff von Stefan Blankertz zu verwenden. Vom Wohlfahrtsstaat bis dorthin ist es ein weiter Weg, für viele Menschen zunächst geistig. Immerhin lohnt sich die Anstrengung, es gibt spannende neue Ordnungen zu entdecken.

Die Frage der Ordnung ist aktuell wie nie zuvor: die Ordnung Europas, die Ordnung des Finanzsektors, die ordnungspolitischen Reformen in Deutschland, die bis zur Finanz- und Staatsschuldenkrise die Gazetten beherrschten und wenn nicht seit 1982, dann doch seit der Wiedervereinigung weitgehend ausstehen. Nachfolgend werden im Sinne einer Serie begrenzter Schnappschüsse dem Leser Impulse für das Denken in Ordnungen und für eine Reform der bestehenden Ordnung an die Hand gegeben.

Berlin, im August 2014
Michael von Prollius

Was ist Ordnungspolitik?

Der Titel eines bekannten Sammelbandes aus dem Jahr 1953, in dem führende europäische Verfechter von Marktwirtschaft und freier Gesellschaft sich mit den Grundlagen und Prinzipien von Ordnungspolitik ihrer Zeit befassen, lautete *"Wirtschaft ohne Wunder"*. Ihren Zeitgenossen mutete die gerade erst einsetzende fulminante Wirtschaftsentwicklung in Deutschland indes wie ein Wunder an. Aus den Trümmern des „Dritten Reichs" entstand die Wohlstandsgesellschaft der Bundesrepublik Deutschland, allerdings erst nach der Doppelreform von Währung und Wirtschaft im Sommer 1948. Zwar blieb die Phase der sozialen Marktwirtschaft auf die (frühen) fünfziger Jahre beschränkt, zumindest an den Prinzipien ihrer Gründerväter gemessen. Dennoch nahmen Überlegenheit und Attraktivität von Freiheit und Wohlstand Westdeutschlands im Vergleich zur sozialistischen DDR derart zu, dass die ostdeutsche Bevölkerung schließlich im November 1989 mit den Füßen für die freiheitliche Ordnung abstimmte.

Der Stadtstaat Singapur hat einen phänomenalen Aufstieg erlebt – von der Armut als britische Kolonie zu einem der reichsten Staaten Asiens. Der Tigerstaat gilt heute als einer der führenden Wirtschaftsstandorte weltweit. In dem bedeutenden Handels-, Finanz-, Dienstleistungs- und Technologiezentrum betrug das BIP pro Kopf

2012 mehr als 51.000 US-Dollar, 1960 waren es lediglich 437 US-Dollar. Der fulminante Transformationsprozess ist durch eine Präferenz von marktkonformen Instrumenten gegenüber direktem Regierungseinfluss und der Ablehnung eines Wohlfahrtsstaates gekennzeichnet. Singapur zählt seit Jahren zu den führenden Nationen weltweiter Rankings zur wirtschaftlichen Freiheit.

Die skandinavischen Staaten, nicht zuletzt Schweden in den neunziger Jahren, haben strukturelle Reformen durchgeführt, die unter dem Druck wirtschaftlicher Probleme unausweichlich wurden. Die sozialdemokratischen Volksheime mit Hochsteuerpolitik, überbordenden Staatsschulden, einem aufgeblähten Öffentlichen Dienst und einer nicht mehr finanzierbaren Lohn- und Einkommenspolitik waren als Wolkenkuckucksheime an den ökonomischen Gesetzen gescheitert. Zu den Reformen zählten zahlreiche Liberalisierungen über die Strom-, Post-, Verkehrs- und Telekommunikationssektoren hinaus auch in der Sozialpolitik. Dänemark hat keinen Kündigungsschutz wie etwa Deutschland und die Schweiz. In Schweden gibt es Schulwettbewerb. Lohnzurückhaltung war auch hier ein wichtiger Reformbaustein. Die Reformerfolge wurden über wechselnde Regierungen hinweg erzielt.

Für die Ärmsten der Armen erschallt der Ruf nach staatlicher Hilfe. Hier offenbare sich Marktversagen und die Macht der Stärkeren und der besser Vernetzten. So oder so ähnlich lauten die gängigen Urteile. Entwicklungshilfe sei die Lösung. Falsch! Nachdem James Tooley in seinem Buch „The Beautiful Tree" bereits die Selbsthilfe der Armen in scheinbar gottverlassenen Gegenden der Welt beschrieben hat, wurde in der britischen Zeitung *Times* eine themenverwandte Publikation zum Buch des Jahres 2013 gekürt. Es stammt von Pauline Dixon und heißt „International Aid and Private Schools for the Poor". Auch hier sind private Schulen die Lösung für die Ärmsten der Armen. Und das, nachdem staatliche Schulen gescheitert sind. Unternehmertum und Selbstverantwortung, nicht Entwicklungshilfe, sind die Lösung für die drängenden Probleme der Welt.

Die Alternative zum Markt ist die Bürokratie, was immer für ein Etikett man hier auch benutzen mag.

Ernest van den Haag

Ordnungspolitik verändert die Anreize des Handelns

Ordnungspolitik bezeichnet herkömmlicherweise alle staatlichen Maßnahmen, die auf die Ordnung von Wirtschaft und Gesellschaft einwirken – also auf Regeln und Grundsätze des menschlichen Zusammenlebens. Ordnungspolitik verändert die Rahmenbedingungen des Wirtschaftens, ja des Lebens insgesamt. Das liegt daran, dass Ordnungspolitik Anreize für Menschen setzt, Dinge zu tun oder zu lassen.

Das klingt sehr abstrakt. Anschaulicher wird es, wenn es um Sport geht, etwa die Spielregeln beim Fußball. Dort wäre der Staat der Schiedsrichter, der die Regeln durchsetzt, zugleich aber auch der Deutsche Fußballbund, der Spielregeln festlegt. Wie würden sich die Fußballer verhalten, wie sich das Spiel ändern, wenn die Abseitsregel aufgehoben werden würde? Welche Folgen hätte es, wenn Fußballspieler mindestens 30.000 Euro pro Jahr verdienen müssten, unabhängig von der Liga, in der sie spielen, und der Spitzenverdienst auf nicht mehr als 1 Million Euro in Deutschland festgesetzt werden würde?

Die Ordnung der Wirtschaft ist von so großer Bedeutung, weil sie darüber entscheidet, wie die Lenkung der Wirtschaft und damit die Verteilung von Ressourcen und Wissen erfolgt. Und die Wirtschaft berührt unser aller Leben jeden Tag. Grundsätzlich gibt es nur zwei Lösungen: zentral durch eine Behörde oder dezentral durch die Menschen auf Märkten.[3] Walter Eucken, der führende Ordoliberale und Begründer der Freiburger Schule, urteilte in „Grundsätze der Wirtschaftspolitik“: „*Alle wirtschaftspolitischen Fragen laufen auf die Frage nach der Ordnung der Wirtschaft hinaus und haben nur in diesem Rahmen einen Sinn.*“

---

[3] Das gilt im Übrigen auch für die Entwicklung des Rechts. Allerdings handelt es sich dabei um eine in Deutschland ungewohnte Rechtstradition. Siehe grundlegend Friedrich August von Hayek: Recht, Gesetz und Ordnung und die darauf Bezug nehmenden Ausführungen im 3. Kapitel.

Zu den herausragenden Rahmenbedingungen einer freien Ordnung gehören:

- die Unantastbarkeit von Leib, Leben und Privateigentum,
- die Freiheit des Individuums vor Bevormundung und Zwang anderer,
- die Herrschaft des Rechts in Form allgemeiner – und damit für alle Menschen gleich geltender – Regeln,
- eine wertbeständige Währung,
- Meinungs- und Vertragsfreiheit,
- ein funktionierendes Preissystem und
- offene Märkte.

Mit dem herausragenden amerikanischen Publizisten Henry Hazlitt besteht der Unterschied zwischen guter und schlechter Wirtschaftspolitik in deren langfristiger Ausrichtung und ihrer Allgemeingültigkeit oder aber Kurzfristigkeit und Gruppenprivilegien. Dementsprechend gilt für eine gute Ordnungspolitik, dass sie einen Rahmen setzt, aber nicht in die Marktprozesse eingreift. Vor allem Preise als wichtigster Informationsanzeiger, zu dem es keine annähernd hilfreiche Alternative gibt, sind für gute Ordnungs- und Wirtschaftspolitik tabu. Von grundlegender Bedeutung ist, dass der Staat nicht wirtschaftlich tätig wird.

Wenn wir mit Leidenschaft für die Wirtschaftsfreiheit eintreten, so tun wir das in allererster Linie eben deshalb, weil die Wirtschaftsfreiheit die notwendige, die unentbehrliche Grundlage der politischen Freiheit, der menschlichen Freiheit ist, d.h. also im Dienst der Menschenwürde.

Alexander Rüstow

Die Gründerväter der Sozialen Marktwirtschaft beabsichtigten nach der Zwischenkriegs- und NS-Zeit mittels Ordnungspolitik eine freie Gesellschaft zu etablieren, in der eine Wettbewerbsordnung ein reibungsloses Funktionieren der Märkte gewährleistet. Dafür erachteten sie einen starken, zurückgenommenen Staat als erforderlich, der sich auf das Setzen und Durchsetzen der Rechtsordnung konzentrierte. Bereits 1932 forderte Alexander Rüstow, der spätere Präsident der

Aktionsgemeinschaft Soziale Marktwirtschaft, eine staatliche „*Selbstbeschränkung als Grundlage der Selbstbehauptung*“ ein. Erst das „*Sich-besinnen und Sich-zurückziehen des Staates auf sich selber*“ schaffe einen starken Staat, der über den Interessen steht. Der Wirtschaftsordnung maßen die Gründerväter nicht nur deshalb eine so große Bedeutung zu, weil sie überwiegend Ökonomen, aber nicht nur Ökonomen waren, sondern weil sie erkannten, dass die Ordnung der Wirtschaft von überragender Bedeutung für das Leben der Menschen an sich ist.

Gute oder schlechte Ordnungspolitik

Der Unterschied zwischen guter und schlechter Ordnungspolitik besteht darin, dass gute Ordnungspolitik erstens langfristig orientiert ist und nicht nur aktuelle Wirkungen berücksichtigt. Zweitens werden die Folgen der Politik für alle Gruppen und nicht nur für Sonderinteressen berücksichtigt, das bedeutet, dass alle Menschen gleich behandelt und Privilegien nicht gewährt werden.

Ordnungspolitik gestaltet also den rechtlichen (Ordnungs-) Rahmen, die Regeln, innerhalb deren der Wirtschaftsprozess abläuft, z.B. durch die Sicherung von Privateigentum und die Gewährleistung der Vertragsfreiheit oder aber ihre Beeinträchtigung, aktuell weithin sichtbar etwa durch Mindestlöhne. Ordnungen sind vor allem Anreizsysteme, die das Verhalten der Menschen lenken. Zur Ordnungspolitik gehören allgemeine Regeln, die die gesamte Gesellschaft bzw. Volkswirtschaft betreffen und Rahmenbedingungen, die für spezielle Bereiche der Wirtschaft gelten, also z.B. die Wettbewerbspolitik, die Unternehmens- und die Eigentumsordnung gestaltende Politik, außerdem Verteilungs- und Sozialpolitik sowie die Geldordnung. Ordnungspolitische Entscheidungen haben häufig Verfassungsrang.

Die *Wirtschaftsordnung* ist Ergebnis des Zusammenwirkens der rechtlich fixierten Wirtschaftsverfassung, der gewachsenen kulturellen und sittlich-moralischen Werte und Regeln sowie der realisierten Ordnungs- und Wirtschaftspolitik.

Ordnungspolitik prägt maßgeblich die Ordnung von Wirtschaft und Gesellschaft und ist daher von nicht zu überschätzender Bedeutung. So hängen erstens von der Wirtschafts- und Gesellschaftsordnung die Freiheit des Einzelnen und die Entfaltungsmöglichkeit der wirtschaftlichen Kräfte ab, z.B.: Kann ich meinen Lohn frei verhandeln oder bin ich an Tarife gebunden? Kann ich selbst entscheiden, wann ich in Rente gehe oder bestimmt ein politisches Gremium für mich? Darin ist zweitens enthalten, dass die durch die Ordnungspolitik geschaffenen Regeln das Verhalten der Menschen steuern, z.B.: Ist es wegen der Steuer- und Abgabenlast in Deutschland vernünftiger, „schwarz" zu arbeiten? Damit geht drittens von der Ordnungspolitik eine entscheidende Prägekraft auf die Gesellschaft aus, z.B.: Bin ich für meine Lebensumstände selbst verantwortlich oder der (Sozial)Staat?

Grundsätzlich gibt es zwei unterschiedliche Arten von Ordnung: die gesetzte oder *geplante Ordnung* (Taxis) und die *spontane Ordnung* (Kosmos). Die (freie) Marktwirtschaft ist Resultat menschlichen Handelns, aber nicht menschlicher Intention.

Wie unterschiedlich diese Prägung ausfallen kann, zeigen die Geschichte der DDR, gekennzeichnet durch das autoritäre SED-Regime und die Planwirtschaft, der BRD mit demokratisch gewählten Regierungen und der Sozialen Marktwirtschaft, die heute zum Irrweg Wohlfahrtsstaat mutiert ist, aber auch die Entwicklung der USA vom Minimalstaat zum „Welfare and Warfare State".

Ordnungspolitik ist aktuell wie selten zuvor. Strukturelle und aktuelle Fehlentwicklungen wie die Finanz- und Staatsschuldenkrise sind Folge von Verstößen gegen ordnungspolitische und marktwirtschaftliche Prinzipien, darunter die Aufhebung des ehernen Zusammenhangs von handeln und haften. Die Erkenntnisse der

Gründerväter und Patenonkel der Ordnungspolitik wurden inzwischen durch die Theorie öffentlicher Wahlhandlungen (Public Choice), die Institutionenökonomik und das interdisziplinäre Feld „Law and Economics" bestätigt und erweitert. Von nicht zu überschätzender Bedeutung ist die Tatsache, dass ein Verzicht des Staates, in die Wirtschaft einzugreifen, uns von der Masse der Probleme und Krisen befreien würde.

Eine *freiheitliche Ordnungspolitik* macht die Freiheit des Einzelnen zum Ausgangspunkt aller Überlegungen und Gestaltungen. Mit der Freiheit des einzelnen Menschen sind Eigentum, Entscheidungsfreiheit und die Verantwortung für das eigene Handeln unauflösbar verbunden.

Was zu allen Zeiten das Herz mancher Menschen so stark für die Freiheit eingenommen hat, sind ihre eigenen Reize, ihr eigener Zauber, ohne Rücksicht auf ihre Wohltaten; es ist die Lust, unter dem alleinigen Regiment Gottes und der Gesetze sprechen, handeln und frei atmen zu können. Wer in der Freiheit etwas anderes als sie selber sucht, ist zur Knechtschaft geboren.

Alexis de Tocqueville

Durch das Vertrauen der – wahrhaftigen – Liberalen in die Eigenständigkeit des Menschen, der sein eigenes Leben unabhängig von Bevormundung und Zwang führen kann, wird der Mensch zum Mittelpunkt und Maß einer offenen Ordnung der Vielfalt. Gerechtigkeit wird als Gleichbehandlung aller – vor dem Gesetz – verstanden und nicht als möglichst vollkommene materielle Gleichheit von Natur aus ohnehin ungleicher, vielfältiger Menschen. Was zählt ist nicht die gut gemeinte Intention, sondern das selbst bestimmte, offene und messbare Ergebnis.

Konsequenterweise wird bei Forum Ordnungspolitik unter Ordnungspolitik nicht nur staatliche Politik verstanden, sondern der Begriff weiter gefasst. Das beginnt mit der persönlichen Haltung eines jeden Menschen, setzt sich mit Reden über die Ordnung und alltagspolitischem Engagement fort und schließt das tägliche Handeln ein.

Interessant wird es besonders bei künftigen Alternativen zur bestehenden staatsdominierten Ordnung, die viel stärker dezentral, demokratisch und bürgerlich fundiert sind. Zugleich wird deutlich, dass die ordnungspolitische Rolle des Staates hier weitaus enger gefasst wird als das herkömmlich der Fall ist.

Das liegt auch an folgendem Sachverhalt: Wissen besitzt eine herausragende Bedeutung für den Menschen und die Gesellschaft insgesamt. In eine freiheitlichen Ordnung geht das Wissen in maximalem Ausmaß ein; vor allem deshalb ist die Ordnung der Freiheit so überlegen, so einzigartig leistungsfähig. Wissen ist die Quelle menschlicher Zivilisation. Das macht die auf Werten, allen voran Freiheit, Gleichheit und Eigentum, basierende Ordnung der freien Gesellschaft – mit der Marktwirtschaft als Lebensquell – theoretisch und praktisch so überlegen. Aktuelle und historische empirische Beispiele sprechen für sich, etwa der Wettbewerb der Ordnungen zwischen der Sowjetunion und den USA oder die Fülle jährlich aktualisierter Indices zur Entwicklung der wirtschaftlichen Freiheit weltweit.

Freiheitliche Ordnungspolitik ist Prinzipien geleitet, nicht opportunistisch, und langfristig ausgerichtet; sie dient nicht Sonderinteressen, sondern den Interessen der Allgemeinheit. Und diese Interessen der Allgemeinheit, das Allgemeinwohl, können nur durch allgemein gültige Regeln verbessert werden, nicht aber durch vermeintliche Wohltaten für einzelne gesellschaftliche Gruppen. Zugleich werden liberale Werte wie Freiheit, Eigentum und Herrschaft des Rechts nicht nur aus Gründen der Nützlichkeit verteidigt, auch wenn diese in Hülle und Fülle vorliegen, sondern als Prinzip.

Schlaglicht 1: Mit Mindestlöhnen schadet die Regierung Verbrauchern und wenig produktiven Arbeitnehmern

Die Große Koalition hat die Durchsetzung eines allgemeinen Mindestlohns in Höhe von 8,50 Euro zum 01.01.2015 beschlossen. Damit erreicht ein langjähriger Trend einen Höhepunkt. So hatte, weitgehend unbeachtet, bereits die CDU-FDP-Bundesregierung Mindestlöhne zusätzlich zu den bereits bestehenden in weiteren sechs Branchen gleichsam durch die Hintertür eingeführt. Seit dem Inkrafttreten des so genannten „novellierten Arbeitnehmer-Entsendegesetzes" am 20. April 2009 können die Tarifvertragsparteien Mindestlöhne unter anderem in den Bereichen Pflege, Sicherheits- und Wäschedienstleistungen sowie in der Abfallwirtschaft, darunter ausdrücklich Straßenreinigung und Winterdienst, sowie Aus- und Weiterbildungsdienstleistungen erlassen. Das hat spürbare ordnungspolitische Folgen:

Erstens führen Mindestlöhne, die über dem Marktpreis liegen, konsequent zu Nicht-Beschäftigung derer, für die sie vorgeblich beschlossen wurden. Die Regierung kann Mindestlöhne festsetzen, aber nicht Arbeitsplätze garantieren. Die Idee des Mindestlohns ist es ja gerade, das Zwangsmonopol des Staates zu benutzen, um aus Sicht der Politik vermeintlich zu niedrige Löhne per Anordnung zu erhöhen; vermeintlich, weil die Vertragsparteien sich bisher darüber einig waren, dass die Leistung zu dem vereinbarten Lohn erbracht wird. Wäre der zu niedrig, würden die Pflege, Sicherheits- und Wäschedienstleistungen nicht erbracht werden.

> *Während Süd-Afrikas Apartheid Ära waren es die rassistischen Gewerkschaften, die hauptsächlich Mindestlöhne für Schwarze unterstützten!*
>
> Walter Williams

Zweitens verteuern sich die Produkte der Unternehmen, es sei denn, die Kosten können etwa durch Entlassungen eingespart werden. Da

Gehälter nie von den Unternehmen, sondern immer durch die Kunden des Unternehmens bezahlt werden müssen – das Unternehmen erhält sein Geld ja nur durch den Verkauf seiner Produkte –, sind es die Verbraucher, die die Mindestlöhne bezahlen müssen. Das gilt sowohl unmittelbar, wenn Sie durch das Eingreifen der Regierung verpflichtet sind, jemandem für eine Stunde Schneeräumen oder Hemdenbügeln mehr als zuvor zu bezahlen, als auch mittelbar, etwa durch verteuerte Abfalldienstleistungen, die sich in weiter steigenden Müllabfuhrgebühren niederschlagen.

Drittens fehlt den Verbrauchern das Geld für andere Ausgaben. Schließlich kann Geld nur einmal ausgegeben werden, in diesem Fall für künstlich erhöhte Löhne. Damit bleiben Mindestlöhne nicht auf die eigentliche Branche beschränkt. Vielmehr führen sie zu einem Konsumrückgang in potenziell allen anderen Branchen. Wenn ich mehr für die Reinigung von Hemden ausgeben muss, habe ich weniger Geld für den Urlaub oder Restaurantbesuch übrig.

Für die Regierung sind Mindestlöhne allerdings vorteilhaft: Die Politiker hoffen sich die Gefolgschaft der begünstigten Arbeitnehmer sichern zu können. Zudem können sie die anschließend wachsende Schwarzarbeit bekämpfen. Und um der steigenden Arbeitslosigkeit zu begegnen, werden schließlich Arbeits-beschaffungsmaßnahmen ergriffen, die zeigen, dass die Regierung handlungsfähig ist. Die Schuld wird raffgierigen Unternehmern zugewiesen, oder die Politik konstatiert Marktversagen. Sicher ist, dass wir bezahlen müssen, als Steuerzahler und als Verbraucher. Und sicher ist, dass die hinter Mindestlöhnen stehende ökonomische Logik abstrus ist: Mindestlöhne gleichen einer höheren Steuer auf die Beschäftigung gering qualifizierter Arbeitnehmer, die aber nicht dazu führen soll, dass Arbeitgeber gering qualifizierte Arbeitnehmer entlassen. Leider bleibt unsichtbar, wie viele Arbeitsplätze durch Mindestlöhne gar nicht erst entstehen.

Schlaglicht 2: Regional gefertigte Produkte zu bevorzugen, beruht häufig auf einem Trugschluss

Derzeit ist es nicht nur en vogue, organische, vegane oder Bio-Produkte zu kaufen, sondern auch regionale Produkte. Das geschieht aus unterschiedlichen Gründen, unter anderem in der Absicht, die Umwelt zu schützen oder sich gesund zu ernähren. Manches spricht dafür, regionale Produkte zu kaufen, etwa wenn Fertigung und Bekömmlichkeit regionaler Produkte bekannt sind. In seine Umgebung zu investieren hat Vorteile. Inwieweit das Aufschläge beim Preis erlaubt, bleibt eine individuelle Kalkulation. Ökonomisch ist der Aufruf „*Kauft (nur) Produkte aus unserer Region!*“ nicht zuletzt eine Form des Protektionismus auf kleiner Ebene. Zu diesem Ergebnis kommt die Kanadierin Karen Selick in ihrem lesenswerten Artikel „The Buy-Locally-Owned Fallacy“ in der Library of Economics and Liberty. Ihre Argumente sind schon deshalb beachtenswert, weil sie auf der Fähigkeit beruhen, eine zunächst plausibel erscheinende, tatsächlich aber stark verengte Perspektive durch Erweiterung des Horizonts als Trugschluss zu entlarven. Karen Selick argumentiert:

Erstens, nicht die Gemeinde oder die Region, sondern die Befriedigung der Bedürfnisse des Einzelnen sind für eine Kaufentscheidung maßgeblich. Das gilt umso mehr, wenn wir in Betracht ziehen, dass längst nicht alle Produkte lokal produziert und angeboten werden, geschweige denn zu einem wettbewerbsfähigen Preis. Das weltweite Einkaufen bietet uns eine größere Wahlfreiheit in kürzerer Zeit. Im Internet wird das mit wenigen Klicks deutlich. Insgesamt gilt, dass es beim Tausch von Geld gegen Ware darum geht, unsere eigene Lebenssituation zu verbessern. Gerade wenn wir Glück und Wohlfahrt von allen Beteiligten regional bilanzieren, ist der rein regional beschränkte Kauf niemals per se der bessere Kauf.

Zweitens, sobald jede Region nach der Devise „*Kauft nur bei uns!*“ verfährt, ist *Abschottung* die unweigerliche Folge. Die Folge sind zwangsläufig erhebliche regionale Wohlfahrtsverluste. Und diese negativen Folgen liegen nicht einmal im Interesse derer, die die Devise ausgegeben haben. Die unbeabsichtigten Propagandisten des *Protektionismus* haben nur den potenziellen Gewinn lokaler Käufer für ihr Geschäft berücksichtigt, aber außer Acht gelassen, dass sie bei strikter Befolgung der Devise Kunden aus der Nachbarregion verlieren werden.

Hinzufügen ließe sich, dass (internationale) Arbeitsteilung respektive Freihandel der zentrale Erfolgsfaktor für steigenden Wohlstand von allen Beteiligten ist. Der Wohlstand der Moderne, zunächst der im 19. Jahrhundert entstehenden Industrieländer im Westen, dann weltweit, ist unauflösbar mit Internationalisierung und Globalisierung verbunden. Das Robinson-Crusoe-Modell taugt hingegen nur für Robinson und Freitag. Hinzu kommt, dass die Masse der regional angebotenen Produkte ohne die Unterstützung weltweiter Zulieferer nicht existieren würde. Die Geschichte „*I, pencil*“ von Leonard E. Read ist hierfür die wohl anschaulichste Illustration.[4]

Karen Selick hat Recht, wenn sie daher fordert, dass wir uns auf keinen Fall einem falschen Gemeinschaftsverständnis unterwerfen sollten. Vielmehr sollten wir je nach Bedarf einkaufen: lokal, regional, global oder auf eine dazwischen liegende Art und Weise.

Erfolge und Misserfolge der Ordnungspolitik

Positive Beispiele für eine freiheitliche Ordnungspolitik finden sich jedes Jahr im "*Economic Freedom of the World Report*" des Frazer Instituts. Das Ranking wird seit Jahren von Hongkong angeführt, aber auch andere kleine Länder wie Singapur, das aus bitterer Armut durch gleichermaßen umwälzende, wie konsequente Reformen eine

[4] Der Text ist in deutscher Übersetzung auf der Homepage von Forum Ordnungspolitik verfügbar.

glänzende Entwicklung erlebt hat, und Neuseeland sowie die Schweiz gehören zur Spitzengruppe. Deutschland hat sich nach einer längeren Durststrecke auf Rang 18 gerappelt (Index of Economic Freedom, Frazer Institute) respektive Rang 8 von 43 europäischen Staaten; Defizite liegen in mangelnder Freiheit bezüglich Arbeit, ferner einem einschnürenden Fiskalismus sowie zu hohen Staatsausgaben. Schließlich schwächelt Deutschland bei der Unternehmensfreiheit. Allerdings bilden Rankings nur eine Rangliste bestehender Wirtschaftssysteme ab und blenden bessere Alternativen aus. Besonders lehrreich ist es, einen Blick in die Vergangenheit zu werfen, auf Reformen wie die Währungs- und Wirtschaftsreform in Deutschland 1948, die Wende zum Markt in Großbritannien unter Thatcher und in den USA unter Reagan – bei allen gebotenen Relativierungen, sowie die neoliberalen Reformen der skandinavischen Staaten. Hinzu kommen Erfolgsbeispiele wie Neuseeland am Ende des 20. Jahrhunderts oder die Republik der Vereinigten Niederlande bereits Ende des 17. Jahrhunderts. Den größten Sprung hat China in der kürzesten Zeit geschafft. Im Vergleich zum Vorreiterland der Industrialisierung England brauchte China nur ein Zehntel der Zeit um seine Wirtschaftsleistung zu verdoppeln. Dass Strukturreformen von großer Tragweite und mit bedeutenden Begleiterscheinungen auch in Deutschland möglich sind, hat bezeichnenderweise die Fußballweltmeisterschaft 2006 in Deutschland gezeigt. Maßgeblichen Anteil daran hatte Jürgen Klinsmann mit seinen unpopulären Entscheidungen. Für Politik und Wirtschaft stehen vergleichbare Reformen noch aus.

*Soziale Marktwirtschaft * 20.06.1948 † 08.06.1967*

Am 20.06.2013 jährte sich der Geburtstag der Sozialen Marktwirtschaft zum 65. Mal. Die Schar der Gratulanten war schon beim 60. Geburtstag unübersehbar. Zumeist sind die Geburtstagsgäste um ihr eigenes Ansehen bemüht und versuchen sich im Glanz des deutschen Stars unter den Wirtschaftsordnungen zu sonnen. Kaum jemand nimmt indes zur Kenntnis, dass vom einstigen Top-Model S. M. nur noch Fotos existieren, das gilt auch für ihre längst verstorbenen Väter und Onkel, darunter Ludwig Erhard, Alfred Müller-Armack, Wilhelm Röpke und Alexander Rüstow. Die Vielzahl der Gratulanten und ihr Gebrabbel verdecken, dass die Soziale Marktwirtschaft längst nicht mehr am Leben ist. Sie verstarb infolge schwerer Misshandlungen, noch bevor sie das zwanzigste Lebensjahr erreichen konnte. Das Stabilitätsgesetz vom 08.06.1967 mit dem „Magischen Viereck" versetzte dem „gerade durch die marktwirtschaftliche Leistung gesicherten sozialen Fortschritt" (Alfred Müller-Armack) als wesentlichem Prinzip der Sozialen Marktwirtschaft den Todesstoß. Der Staat übernahm die Steuerung der gesamten Wirtschaft, indem die Staatsbürokratie fortan für kontinuierliches, adäquates Wirtschaftswachstum, hohe Beschäftigung, ein außenwirtschaftliches Gleichgewicht und ein stabiles Preisniveau sorgen sollte. Fortan ist in der Öffentlichkeit vollkommen in Vergessenheit geraten, dass Marktwirtschaft ein dynamischer Prozess ist und nichts mit effizienten Gleichgewichten zu tun hat.

Dieser frühe Tod hat Mythen bildend gewirkt, ähnlich wie bei Stars von James Dean bis Lady Diana. Angesichts der glücklichen Geburt ist die schwere Säuglings- und Kleinkindzeit in Vergessenheit geraten, mit dem Generalstreik im November 1948 und den andauernden Anfeindungen der bösen Nachbarn bis zum Korea-Boom. Vermutlich überdecken auch die tollen „Wirtschaftswunderjahre" die Tatsache, wie schwer es die Soziale Marktwirtschaft hatte. Mitten in ihrem schönsten Wachstum ereilte sie der Dolchstoß von 1957 – die Dynamisierung der Rente mit dem vermeintlichen Generationenvertrag. Ausgerechnet ihr Namensvater Alfred Müller-Armack schickte den Teenager 1960 in eine Umerziehungsanstalt. In der so genannten „zweiten Phase" der S. M. wurde die sozialpolitische Absicherung in eine Betreuung verwandelt. Zugleich schwand der familiäre Halt durch eine Serie von Todesfällen, angefangen von Walter Eucken 1950 über Wilhelm Röpke 1963 bis Alexander Rüstow 1966. Eine etwas drallere und viel einfältigere Wirtschaftsordnung wurde der Öffentlichkeit mit dem

Werbeslogan „Aufgeklärte Marktwirtschaft“ und zahllosen sozialpolitischen Werbegeschenken präsentiert. Allerdings gilt: Nur das Original ist originell.

Gute Ordnungspolitik und Wohlfahrtsstaat sind unvereinbar[5]

Der Wohlfahrtsstaat gilt heute vielen Menschen als unantastbare Errungenschaft. Soziale Marktwirtschaft und Wohlfahrtsstaat werden zuweilen als geradezu identisch angesehen. Schließlich sei die eigentliche Errungenschaft doch das Soziale in der Sozialen Marktwirtschaft gewesen. Die Leistung der Gründerväter sei gerade die Verbindung von Sozialem und Marktwirtschaft gewesen, gleichsam eine sozialisierte Marktwirtschaft. Diese Verfechter des Wohlfahrtsstaates irren. Was sagten die Gründerväter der Sozialen Marktwirtschaft zum Wohlfahrtsstaat?

Für Ludwig Erhard war Planwirtschaft „das Unsozialste, was es *überhaupt gibt, und nur die Marktwirtschaft ist sozial*“. Nur zehn Jahre später schrieb er 1958 in „Die Zeit“: „*Nichts ist darum in der Regel unsozialer als der sogenannte 'Wohlfahrtsstaat', der die menschliche Verantwortung erschlaffen und die individuelle Leistung absinken lässt.*“ Für den Wirtschaftsminister war klar, dass wirtschaftliche Spannungen und soziale Notstände dort vorherrschen, wo zu viel Staat die Menschen fesselt.

Für Wilhelm Röpke war der Wohlfahrtsstaat eine „*komfortable Stallfütterung*“, ein „*Instrument der sozialen Revolution*“, der die Menschen zu Haustieren degradiere und entmündige. In seinem wohl bekanntesten Buch „Jenseits von Angebot und Nachfrage“ urteilte er:

---

[5] Erschienen beim Ludwig von Mises Institut Deutschland am 08.01.2014 unter dem Titel „Nichts ist unsozialer als der Wohlfahrtsstaat“.

„Man spricht noch die Sprache des alten Fürsorgestaates und man denkt noch in seinen Kategorien, aber das alles wird mehr und mehr zu einer Kulisse, die den neuen Feldzug auf alles deckt, was das Durchschnittsniveau an Einkommen, Vermögen und Leistung zu überragen wagt. ... Es ist schlechterdings kein Ende dieser Entwicklung abzusehen, solange nicht die perverse Sozialphilosophie, auf der der moderne Wohlfahrtsstaat beruht, als einer der großen Irrtümer unserer Zeit erkannt und verworfen sein wird.“ Der „Linke“ unter den neoliberalen Gründervätern, Alexander Rüstow, Vorsitzender der Aktionsgemeinschaft Soziale Marktwirtschaft warnte 1956: „W*as uns heute, statt der bereits überholten Pseudoideale von Planwirtschaft und Vollsozialisierung, als wirklich gefährliche und bekämpfenswerte Gegenposition gegenübersteht, das ist das Programm des totalen Wohlfahrtsstaates.*“ Der Wohlfahrtsstaat war für den Altphilologen Rüstow ein „*Versorgungsstaat, und diese Bedeutung ist das Entgegengesetzte dessen, was Wohlfahrt wirklich bedeutet.*“

Auch Franz Böhm, der politisch langjährig als Bundestagsabgeordneter (CDU) und Leiter der deutschen Delegation für die Wiedergutmachungsverhandlungen mit Israel tätig war, warnte – zeitlos aktuell – vor einer „*Refeudalisierung der Gesellschaft*“ durch den Druck privilegierter Sonderinteressen, welche mit einem Autonomieverlust der Politiker einhergehe. Dementsprechend sterbe die Freiheit sanft und sukzessive im Namen umverteilender Gerechtigkeit.

Heute ist nicht nur bei jungen Menschen das Erstaunen groß, wenn sie mit den Aussagen maßgeblicher Baumeister unserer Wirtschaftsordnung konfrontiert werden. Die Gründe sind vielfältig und haben auch damit zu tun, dass viel zu wenig über grundsätzliche Reformen der Ordnung von Wirtschaft und Gesellschaft diskutiert wird. Querdenken zum Mainstream gilt als randständig und störend. Um den Inhalt, den zwanglosen Zwang des besseren Arguments, geht es viel zu selten.

Warum das so ist, hat Ludwig von Mises hellsichtig in „Im Namen des Staates oder die Gefahren des Kollektivismus“ analysiert mit Blick auf die Hintergründe derartiger Politik: „*Der Rechtsstaat, in dem der Buchstabe des Gesetzes beachtet werden muss, soll durch den Wohlfahrtsstaat ersetzt werden, in dem die Regierung frei schalten darf. In diesem Sinne geschah es, dass man überall seit Jahrzehnten die Sphäre, in der die Obrigkeit nach ihrem Ermessen vorgehen darf, erweitert und die subjektiven Rechte der Bürger und ihren Schutz durch unabhängige, in ihrer Rechtsprechung an die Gesetze gebundenen Gerichte eingeschränkt hat.*“

Und Friedrich August von Hayek urteilte vor gut 50 Jahren in seinem Opus magnum „Die Verfassung der Freiheit“: „*So wird der Wohlfahrtsstaat zu einem Haushaltsstaat, in dem eine paternalistische Gewalt über den Großteil des Einkommens der Gemeinschaft verfügt und es den Einzelnen in der Form und der Menge zuweist, die sie ihrer Ansicht nach brauchen oder verdienen.*“ An anderer Stelle schrieb er: „*Als Mittel zur Sozialisierung des Einkommens und zur Schaffung einer Art Haushaltsstaat, der jenen, die am würdigsten befunden wurden, Wohltaten in der Form von Geld oder Sachen zuteilt, wurde der Wohlfahrtsstaat für viele der Ersatz für den altmodischen Sozialismus.*“

Unsere Gründerväter gingen nicht etwa aus ideologischer Verbrämung gegen ein eigentlich erstrebenswertes, lediglich im Detail verbesserungswürdiges Ordnungsmodell von Wirtschaft und Gesellschaft vor. Ihre grundsätzliche Ablehnung war vielmehr umfassend begründet und konnte sich auf erschöpfende negative Erfahrungen mit „interventionistischen Mischsystemen“ (Alfred Müller-Armack) stützen.[6] Der Wohlfahrtsstaat ist ein Systemwechsel! Alle Wohlfahrt durch den Staat, den Versorgungsstaat. Das ist das Gegenteil von Wohlfahrt.

---

[6] Allerdings haben die ordoliberalen Gründerväter selbst für Mischsysteme plädiert und sich von der klassisch-liberalen Ordnung distanziert. Eine zeitgenössisch verständliche, aber falsche Entscheidung.

Die großen Gelehrten und Verfechter einer freien Gesellschaft wussten, dass der Wohlfahrtsstaat jene Prosperität zerstört, die sein Wuchern erst ermöglicht hat und, dass ein Zusammenhang zwischen persönlicher Leistung und Glückserfahrung besteht. Wenn Neid das Mitgefühl ersetzt, dann bleibt nur noch die heute verbreitete „*weinerliche Anspruchsmentalität*", die Franz Kromka in seiner Neuentdeckung der Gründerväter „Markt und Moral" benennt. Er schließt seine Studie mit der Aufforderung: „*Der geistlosen Sterilität des betreuungsstaatlichen Beistandes sind die bewegenden Kräfte unseres Lebens mit ihren sittlichen Werten von Freiheit und Recht, von Menschenliebe und Moral entgegenzusetzen.*"

Längst haben weitere profilierte Gelehrte den Wohlfahrtsstaat als unmoralisch, heillos widersprüchlich und zukunftsuntauglichen Irrweg entlarvt. Besonders lesenswert sind die Ausführungen von Roland Baader („totgedacht" und „Fauler Zauber"), Gerd Habermann („Der Wohlfahrtsstaat. Die Geschichte eines Irrwegs"), Henry Hazlitt („Man vs. The Welfare State") und Anthony de Jasay („Liberale Vernunft. Soziale Verirrung").

Rechtsstaat statt Machtstaat

„*Ob der Mensch als Zweck und der Staat als Mittel oder ob das Gegenteil angenommen wird, bestimmt den Unterschied zwischen Rechts- und Machtstaat.*" urteilte Felix Somary (1881-1956). Der österreichisch-schweizerische Bankier und Nationalökonom hat in seinem weitsichtigen Buch „*Krise und Zukunft der Demokratie*" ein kurzes Kapitel eben der „*Ersetzung des Rechtsstaates durch den Machtstaat*" im Rahmen seiner Analyse der Kriegsperiode gewidmet. Bezeichnenderweise schließt es an die Kritik des staatlichen Geldmonopols an.

Somary sieht im Rechtsstaat, der Europa seit der Feudalzeit geprägt habe, den entscheidenden Unterschied zu allen anderen Kontinenten. Allerdings sei der Rechtsstaat seit der Kriegsperiode der ersten Hälfte des 20. Jahrhunderts auf das Schwerste bedroht. Wie sehr der Rechtsstaat durch die nationalsozialistische Pervertierung des Rechts unter die Räder gekommen ist, hat insbesondere der deutsch-amerikanische Jurist und Politikwissenschaftler Ernst Fraenkel (1898-1975) in seinem Band „*Der Doppelstaat*" bereits Ende der dreißiger Jahre herausgearbeitet. Während der Normenstaat durch berechenbare tradierte und neue Rechtsvorschriften gekennzeichnet ist, orientiert sich der Maßnahmenstaat an situativ-politischen Zweckmäßigkeiten. Im Nationalsozialismus konnte sich der Maßnahmenstaat nicht nur im Zweifel gegen den Normenstaat durchsetzen. Im Doppelstaat gilt: Die Politik, nicht die Gerichte, entscheidet. Der Primat der Politik überlagert das Recht.

Felix Somary verdeutlicht den Unterschied zwischen Rechts- und Machtstaat auf prägnante Weise: „*Die Grundgesetze des Rechtsstaates präzisieren die Rechte der Bürger, die des Machtstaates die Pflichten. Auch der Rechtsstaat verlangt von seinen Bürgern Leistungen, aber sie sind gesetzlich begrenzt; die Pflichten im Machtstaat sind ‚ungemessen'.*" und er fährt fort: „*Ein Gentleman, so lautet die schöne englische Definition, ist ein Mann, der von seinem Recht nie hundertprozentigen Gebrauch macht. ... Den Rechtsstaat charakterisiert die Begrenzung, das Maß; den Machtstaat die Unbegrenztheit, das Totale. Total ist alles, was er angreift: der Krieg, die Wirtschaftsführung, die Unfreiheit der eigenen und der unterworfenen Völker, die Enteignung, die Rechtlosigkeit.*"

Offenkundig konzentriert sich im Machtstaat die Gewalt. Die Gewaltenteilung wird aufgehoben. Schneller, alternativloser Pragmatismus gewinnt die Oberhand. Die Politik muss handeln. Von ihr werden Entscheidungen erwartet. Die Massen erwarten Handlungsfähigkeit, Geschlossenheit, Durchsetzungsstärke. Politisches Handeln wird zur Wettkampfarena, in der sich der Stärkste, Geschickteste, Gewiefteste durchsetzt. Große Männer und Frauen sollen über große Themen entscheiden, Krisen bewältigen. Bezeichnenderweise werden Fragen von großer Tragweite tatsächlich schnell entschieden. Hingegen schleppen sich alltägliche Routineangelegenheiten dahin.

Für Liberale ist der Machtstaat ein Graus. Freiheitsfreunde sind sensibel für machtpolitisch begründete Weichenstellungen. Friedrich August von Hayek hat in seiner „Verfassung der Freiheit" hervorgehoben, dass die Freiheit unter dem Gesetz durch die Befolgung allgemeiner, abstrakter Regen gekennzeichnet ist, die uns nicht dem Willen eines anderen unterwerfen. Die Allgemeinheit und Abstraktheit führe dazu, dass das Recht nicht willkürlich sei: „*So wie ein echtes Gesetz keine partikulären Umstände anführen soll, so sollte es insbesondere keine bestimmten Personen oder Gruppen herausgreifen.*"

Die Gedanken von Felix Somary, Ernst Fraenkel und Friedrich von Hayek geben Anlass zum Nachdenken – in historischer und aktueller Perspektive. Felix Somary, der „*Seismograph der Krisen*" schlussfolgerte in seinem 1952 erschienen Band, der als sein politisches Vermächtnis gilt: Von „*der Möglichkeit des Abbaues der Schuldenlast hängen die Chancen für die Rückkehr zum Rechtsstaat ab... Es braucht Generationen, um die Grundlagen des Rechtsstaates zu legen, aber nur Jahre, um sie zu zerstören.*"

Gegen Staatsdoping – für eine befreite Wirtschaft[7]

Ein Gespenst geht um. Es ist Tom Simpson, der auf der Tour de France Etappe auf den Mont Ventoux 1966 als erstes gesichertes Dopingopfer den Tod fand. Simpson glaubte, seine Leistungsfähigkeit über seine natürliche Grenze hinaus ankurbeln zu können, und strampelte sich in den Tod.

In der Bundesrepublik Deutschland verlief der erste Versuch, die Konjunktur zu dopen, glimpflich. In der Mini-Rezession 1966/67 kamen die begrenzten staatlichen Maßnahmen zu spät und wirkten pro-

[7] Erschienen in: Die News. Das Magazin für selbständige Unternehmer, Januar/Februar 2009, S. 4.

zyklisch. Hingegen war die Stagflation der 70er Jahre mit hoher Inflation, hoher Arbeitslosigkeit und stagnierender Wirtschaft sowie massiver Verschuldung wesentlich den Konjunktur-paketen der Regierung Schmidt geschuldet. Sie verhinderten – wie heute – die Entfaltung der marktwirtschaftlichen Selbstheilungskräfte zusätzlich zu den Fehlsteuerungen und Belastungen durch verfehlte Regulierung. Das wog angesichts des Struktur-wandels und veränderter Terms of trade besonders schwer.

In Japan haben insbesondere die Rettungsmaßnahmen der Zentralbank („Null-Zins-Politik“) eine seit den 90er Jahren währende Depression verursacht. Seit dem Ausbruch der Hypothekenkrise im Juli 2007, die vor allem durch das „billige Geld“ der US-Zentralbank und die Sozialpolitik der US-Regierungen verursacht wurde, überbieten sich westliche Regierungen erfolglos mit vermeintlichen Hilfsmaßnahmen. Sie (teil) verstaatlichen Unternehmen und bürden den Steuerzahlern Konjunkturpakete in absurder Milliardenhöhe auf. Garantien für die Ersparnisse der Bürger beruhen auf deren Ersparnissen. Wider alle Vernunft und Erfahrung, zudem ohne Maß und Moral, wird umverteilt. Die Seilschaften aus Politik, Bürokratie, „Big Business“ und anderen Sonderinteressen verfolgen ihre Ziele gegen die Bürger. Unübersehbar regiert der Neosozialismus, während der Neoliberalismus stigmatisiert wird. Dabei war die Soziale Marktwirtschaft das wirtschaftspolitische Programm der Neoliberalen.

> *Wir leben gegenwärtig ja keineswegs „im Kapitalismus“ - wie eine so gedankenlose wie hysterische Rhetorik neuerdings wieder suggeriert -, sondern in einer Ordnung der Dinge, die man cum grano salis als einen massenmedial animierten, steuerstaatlich zugreifenden Semi-Sozialismus auf eigentums-wirtschaftlicher Grundlage definieren muss. Offiziell heißt das schamhaft „Soziale Marktwirtschaft“.*
>
> Peter Sloterdijk

Was Tom Simpson schmerzhaft an seinem eigenen Körper erfahren musste, ist nun auch im Wirtschaftskreislauf abzusehen: Der Versuch, die Konjunktur zu manipulieren, ist Selbstbetrug, bestenfalls ein Taschenspielertrick von der linken in die rechte Tasche. Der Staat muss jeden Euro, den er der Wirtschaft zur Verfügung stellt, zuerst der Wirtschaft durch Steuern entziehen. Von Ludwig Erhard stammt der Satz: *Jede Ausgabe des Staates beruht auf einem Verzicht des Volkes.* Konjunkturpakete machen arm und krank. Sie verdrängen private Investitionen, erhöhen die Schulden. Jede Hilfe für die Automobilindustrie, die den Strukturwandel verschlafen hat, ist eine Belastung für den Steuerzahler. Jeder Cent für diejenigen Banken, deren schlechte Geschäftsmodelle abgestraft werden oder die sich bei Fusionen übernehmen, fehlt für dringendere Verwendungen.

Die aktuelle Wirtschaftskrise ist eine Finanz-, Regulierungs- und Strukturkrise. Die Hauptverantwortung tragen die Regierungen. Ihre Zentralbanken haben eine nun zusammenstürzende Kreditpyramide errichtet. Sie maßen sich an, die Lebens- und Wirtschaftsweise der Menschen bis auf den Esstisch und den Arbeitsplatz regeln zu müssen. Sie haben das Wachstum zum Fetisch gemacht und lehnen gleichzeitig als Adepten des Status quo Marktwirtschaft und Wettbewerb als „*Entdeckungsverfahren*“ und „*geniales Entmachtungsinstrument*“ ab.

Wir erleben derzeit einen marktwirtschaftlichen Gesundungsversuch des kranken Wohlfahrtsstaates. Das beste Kräftigungsmittel ist nicht noch mehr Staatsdoping, sondern das selbst bestimmte und verantwortliche Handeln von Millionen Menschen aus eigener Kraft. Dauerhaft starke Steuersenkungen und eine drastische Reduzierung der Vorschriften sind dafür unerlässlich.

Euro-Misere: Austerität ist der Ausweg

Austerität bedeutet Strenge, Enthaltsamkeit und bezeichnet wirtschaftspolitisch eine seltene Tatsache, nämlich dass eine Regierung einen ausgeglichenen Haushalt ohne Neuverschuldung anstrebt. Noch seltener gelingt es, das Vorhaben zu verwirklichen. Angesichts der

Überschuldung der Masse der westlichen Wohlfahrtsstaaten ist sogar ein mehrjähriger Budgetüberschuss erforderlich, um auf einen akzeptablen Wachstumspfad zurückzukehren, von notwendigen Strukturreformen ganz zu schweigen.

In der Euro-Krise warnen Kritiker dieser Politik wiederholt, die Wirtschaft werde kaputtgespart. Angesichts einer lahmenden Konjunktur sei es überdies notwendig, die Wirtschaft anzukurbeln, natürlich mit staatlichen Ausgabenprogrammen. Mit unheimlicher Regelmäßigkeit regt sich der Kaputtspar-Klabautermann, sobald die Volkswirtschaft in schwere See gerät. Tatsächlich sind die Vorwürfe, Austeritätsprogramme wären schädlich, lärmender Schabernack.

Zuletzt hat der amerikanische Ökonom Robert P. Murphy eine Übersicht über empirische Erfahrungen mit keynesianischer Konjunkturpolitik und fiskalischer Austerität für die *Library of Economics & Liberty* verfasst. Wissenschaftliche Studien belegten die wohltuenden Wirkungen von Steuersenkungen – Angebotspolitik zahle sich aus. Kurzgefasst:

- Hohe Steuern und Steuererhöhungen bremsen wirtschaftliches Wachstum.
- Steuersenkungen von zehn Prozentpunkten haben in den USA das Wachstum um ein bis zwei Prozentpunkte erhöht; das ergibt in 20 Jahren 22% reales BIP-Wachstum.
- Die Hälfte der realisierten fiskalischen Konsolidierungsmaßnahmen in der EU hatte bereits kurzfristig stärkeres Wachstum zur Folge.
- Kanada erzielte nach einer Ausgabensenkung von 7% und 11 Jahren Budgetüberschüssen das größte Wirtschaftswachstum alle G7-Staaten in der Dekade.
- Es gibt keinen einzigen Beleg für die Wirksamkeit fiskalischer Stimuli – zu diesem Ergebnis kommt ausgerechnet der Nobelpreis gekrönte Keynesianer Paul Krugman.

Die Ergebnisse, so differenziert sie sich im Einzelfall darstellen, können nicht überraschen. Geld kann man nur einmal ausgeben.

Effizienter und effektiver geschieht das durch Unternehmen und private Haushalte als durch die Staatsbürokratie. Innovationen stammen von Unternehmern, die sich auf Märkten bewähren müssen, und nicht von Beamten. Je mehr Vorschriften es gibt, desto weniger Zeit und Ressourcen bleiben für die Bemühungen übrig, unsere Wohlfahrt zu verbessern. Es ist Zeit, den Schabernack des Klabautermanns zu erkennen und darüber zu lachen.

Der Neoliberalismus war gut für uns

Neoliberale Reformen haben stets die Wohlfahrt der breiten Massen vergrößert. Das war 1948 mit der Einführung der Sozialen Marktwirtschaft in Deutschland der Fall und es gilt auch für die post-neoliberalen Reformen der späten 1970er und insbesondere 1980er Jahre.

In weiten Teilen der OECD-Welt wurden nach der Abkehr vom sozialdemokratischen Sozialismus und vom Keynesianismus vielfältige Entstaatlichungmaßnahmen ergriffen. Dazu gehören die Deregulierung, auch von Finanzmärkten, die Privatisierung von Staatsbetrieben, in manchen Ländern sogar die Umstellung eines (geringen) Teils der Bildung von staatlichen auf privatwirtschaftliche Schulen, ferner gehörten erhebliche Steuersenkungen einschließlich der Höchst-steuersätze, die Flexibilisierung von Arbeitsmärkten und der Abbau von Handelsschranken dazu.

Neoliberal waren diese Reformen insofern, als sie weder eine klassisch-liberale Abkehr vom Staat im Sinne des 18. und 19. Jahrhunderts darstellten noch sozialdemokratisch-etatistischen Ideen folgten. Vielmehr standen als Leitbilder die seit der Entstehung des Neoliberalismus in den 1930er und 1940er Jahren entwickelten Konzepte Pate, die auf einen starken, reformierenden Staat setzten, um eine Art „Dritten Weg“ (Wilhelm Röpke) zwischen Liberalismus und Sozialismus zu beschreiten. Zu den bekannten intellektuellen Protagonisten der post-neoliberalen Wende zählen die beiden

Nobelpreisträger Milton Friedman und Friedrich August von Hayek, wenn auch versucht wurde, beide als erzliberale Urgesteine abzukanzeln. Über die USA hinaus erreichte Milton Friedman zusammen mit seiner Frau Rose ein Millionenpublikum insbesondere durch die zehnteilige Fernsehserie „Free to choose". Die Filmaufnahmen belegen seine intellektuelle Schlagfertigkeit und Überzeugungskraft.

Bezeichnenderweise haben diejenigen Staaten und ihre Einwohner am stärksten profitiert, die Reformen nicht halbherzig, sondern besonders kräftig durchgeführt haben. Das lässt sich an den Wachstumsraten und dem BIP pro Kopf sowie der Entwicklung des Lebensstandards aus offiziellen Statistiken entnehmen, argumentiert Scott Sumner von der Bentley University, nahe Boston, im Econtalk mit Gastgeber Russ Roberts.

Zu den Gewinnern zählten demnach in Südamerika Chile, in Europa die ost-europäischen, aber auch die skandinavischen Staaten, besonders Dänemark, das abgesehen vom Wohlfahrtssystem eines der freiesten Länder der Welt und ein neoliberales Vorzeigebeispiel sei. In Asien kommen Singapur und Taiwan hinzu. China gebe ein gemischtes Bild ab. Das liege einerseits am extrem hohen Staatsanteil und andererseits am starken Wachstum und der ausgeprägten Wohlstandsentwicklung in den freiesten südlichen Provinzen. Im Vergleich dazu fielen die weitgehend unberührten nordöstlichen Teile drastisch ab. Für die USA sieht Sumner erhebliche Herausforderungen, da Reformen versäumt worden seien. Die USA seien der relative Verlierer, während Deutschland als Nachzügler zu wenige, halbherzige Reformen aufzuweisen habe. Bemerkenswerterweise sei Deutschland von Großbritannien in den 1980er Jahren in der Wohlstandsentwicklung überholt worden.

Was bleibt als Quintessenz der post-neoliberalen Reformen? *Je mehr Freiheit für den Einzelnen, desto mehr Wohlstand entsteht!* Das gilt gerade im Hinblick auf die Gesundheitsversorgung. Ein Vergleich zwischen der staatlichen und privaten Krankversicherung in Deutschland spricht trotz aller dirigistischen Marktverzerrung Bände.

Wir sollten bei allen Einschränkungen nicht vergessen, dass die Welt immer besser wird. Das zeigt auch der UN-Report „A New Global Partnership“. So benötigte Großbritannien noch 155 Jahre zur Verdopplung des Bruttoinlandsproduktes pro Kopf, während die USA und Deutschland nur 30 bzw. 60 Jahre für die Erlangung der zigfachen Wirtschaftskraft benötigten. China und Indien haben binnen gut 15 Jahren, also einem Zehntel der Zeit, bereits das Hundertfache erzielt! Zudem wird in den meisten Gesellschaften bis 2030 die Mehrheit der Mittelschicht entstammen und nicht mehr zu den Armen gehören. In den letzten Jahren hat die schnellste Reduktion der Armut in der menschlichen Geschichte stattgefunden: eine halbe Milliarde Menschen weniger lebt unterhalb der Armutsgrenze von 1,25 Dollar pro Tag. Die Kindersterblichkeit ist um mehr als 30% gefallen, das bedeutet 3 Millionen Leben wurden gerettet, und der Tod durch Malaria konnte um 25% reduziert werden.

Für Libertäre bleibt die Welt allerdings düster, insbesondere nach den etatistischen Rückschlägen infolge der Finanz- und Staatsschuldenkrise. Insofern gilt: Der Neoliberalismus war gut für uns, es geht aber besser.

Scheinliberale – die große Gefahr für die Freiheit[8]

Ein Sprichwort sagt, man müsse sich weniger vor seinen Feinden fürchten als vor falschen Freunden, insbesondere vor denen, die eine gemeinsame Sache nur halbherzig verteidigen.

Für die Freunde der Freiheit droht demnach große Gefahr weniger von sozialdemokratischen Befürwortern einer gelenkten Gesellschaft,

[8] Erschienen beim Berlin Manhattan Institut am 15.01.2011.

sondern vielmehr von Scheinliberalen. Mit Scheinliberalen verhält es sich wie mit Herrn Tur Tur, dem Scheinriesen aus dem Märchen „Jim Knopf und Lukas der Lokomotivführer". Herr Tur Tur wirkt aus der Ferne wie ein Riese. Je mehr man sich ihm nähert, desto stärker schrumpft er auf seine tatsächliche, recht durchschnittliche Größe zusammen. Scheinliberale klingen so, als würden sie freiheitliche Positionen vertreten. Sobald man allerdings über ihre Aussagen nachdenkt, fallen mangelnde Prinzipientreue und Konsequenz auf; zuweilen bleibt es bei formelhaften Freiheitsbekundungen, hinter denen sich eine illiberale Haltung verbirgt. In der bundesdeutschen Politik sind Scheinliberale sehr präsent. Denken Sie an die Durchhalteparolen und das maskenhafte Muntersein der Führungscrew einer Partei oder an Vertreter großer Unternehmen und Wirtschaftsverbände. Für die praktizierte Politik wie die Programmatik gilt in allen Politikbereichen von der Außen- über die Gesundheits- bis zur Wirtschaftspolitik: viel Scheinheiligkeit, wenig freiheitliche Substanz.

> *Die Schirmherrschaft über die Armen zu übernehmen war in der Politik immer das sicherste Mittel, sich zu bereichern.*
>
> Nicolás Gómez Dávila

Die Gefahren, die von einem scheinheiligen Liberalismus ausgehen, werden heute drastisch unterschätzt. Zwei Entwicklungen sind besonders schädlich: Erstens verwechseln Menschen wahre liberale Positionen mit dem sozial-demokratischen Gemurkse, das ihnen tagtäglich medial als liberal aufgetischt wird. Zweitens werden die unter einem liberalen Deckmantel praktizierten interventionistischen und Sonderinteressen begünstigenden Praktiken dem Liberalismus zur Last gelegt. Die aktuelle Weltwirtschafts- und Schuldenkrise – Folge einer Liberalisierung der Finanzmärkte und gieriger Kapitalisten?

Regelmäßig lohnt sich die Beschäftigung mit Positionen aus einem gegnerischen Lager. Das gilt beispielsweise für die Argumentation des scharfzüngigen konservativen Publizisten Armin Mohler (1920-2003), der mit seiner Schrift „Gegen die Liberalen" eine *„fulminante*

Liberalenbeschimpfung" vorgelegt und die Unhaltbarkeit liberaler Positionen nachgewiesen haben soll.

Tatsächlich ist „Gegen die Liberalen" eine recht passable Polemik, die sich eben gegen die übermäßig verbreitete Spezies von Scheinliberalen richtet, die zuweilen auch als Lifestyle-Liberale publikumswirksam auf „Events" auftreten. Insofern hat Armin Mohler recht, wenn er konstatiert: „*Zum einen scheitert der Liberalismus als gesellschaftlicher Gesamtentwurf täglich stets aufs neue, da reicht ein Blick aus dem Fenster.*" Unrecht hat er aber, wenn er das Scheitern dem Liberalismus und nicht den Scheinliberalen anlastet.

Es lohnt sich seine Kernargumente kurz zu betrachten, zumal sie weit verbreitet sind:

1. Die These, eine liberale Gesellschaft zehre von konservativen Werten, sitzt dem verbreiteten Vorurteil auf, eine liberale Ordnung sei werte- und traditionslos.
2. Der Vorwurf, Liberale seien wirklichkeitsfremd, hat den argumentativen Charme eines „*Das haben wir schon immer so gemacht!*". Bekanntlich sind Utopien von heute vielfach Realitäten von morgen.
3. Albern wird es, wenn Armin Mohler argumentiert, „*das Individuum gibt es gar nicht. Es ist eine Erfindung*". Diese Dystopie konnten nicht einmal die Nationalsozialisten, geschweige denn die Sozialisten in Moskau verwirklichen. Auch „Gender-Mainstreamer" und Gleichstellungsfanatiker werden zwangsläufig an unserer Individualität scheitern.[9]
4. Treffend ist die Reduktion des Liberalismus auf eine bloße Absichtserklärung durch einen Menschenschlag, der sich lediglich selbst liberal nennt, ohne es zu sein.
5. Die immer wieder behauptete mangelhafte Verwurzelung des Liberalismus in Deutschland hat Ralph Raico mit seiner

[9] Eindrucksvoll beschrieben in der Dystopie „Hymne" von Ayn Rand.

glänzenden Studie „Die Partei der Freiheit“[10] als Mythos entlarvt.

6. Die ständige Wiederholung, wir würden in einer liberalen Gesellschaft leben, ist angesichts der allgegenwärtigen Dominanz sozialdemokratisch-paternalistischer Politiker und Gutmenschen, sozialer Korrektheit und „sozialer Gerechtigkeit“ leider nur ein Zerrbild.
7. Mangels belastbarer Argumente flüchtet Armin Mohler schließlich in kontra-faktische Schmähungen, etwa wenn Liberale mit *„Erregung von Ekel“* und *„Egalitarismus“* eine Kulturrevolution angezettelt haben sollen.

Ungewollt treffend bringt Martin Lichtmesz im Nachwort der Schrift die geradezu zeitlos aktuelle Lage auf den Punkt: *„Heute ist der Linke von Liberalen kaum mehr zu unterscheiden und umgekehrt.“* Ergänzen ließe sich: Früher waren Manchesterkapitalisten noch Linke.

Die konservative Kritik unterliegt einem klassenkämpferischen Fehlschluss, der sich als Schuss ins eigene Knie erwiesen könnte: Eine konservative Gesellschaftsordnung lässt sich nämlich am besten als Teilsystem einer liberalen Gesamtordnung verwirklichen.

---

[10] Ralph Raico: Die Partei der Freiheit. Studien zur Geschichte des deutschen Liberalismus, Stuttgart 1999.

Fazit

Ordnungspolitik ist die Gesamtheit der politischen Maßnahmen, die auf den Rahmen, die Struktur und darüber auf den Ablauf des Wirtschaftsgeschehens einwirken, zugleich werden Bereiche *„jenseits von Angebot und Nachfrage“* berührt. Unser gesamtes Leben wird durch Ordnungspolitik mittelbar beeinflusst: die Verwendung von Energie, die Art und Weise zu wohnen, erhältliche Lebensmittel, der Arbeitsplatz und so weiter und so fort. Ordnungspolitischen Einfluss nehmen vor allem Menschen, die auf die Staatsgewalt zurückgreifen können. Letztlich sind wir indes alle ein wenig Ordnungspolitiker. Das gilt für die Geisteshaltung, die wir pflegen und propagieren, denn sie prägt die Ordnung, in der wir leben, gerade im Vorfeld. Angesichts der von einer überwältigenden Mehrheit der Deutschen gewünschten zusätzlichen Verbote ist es um eine Ordnung der Freiheit einmal mehr nicht sonderlich gut bestellt, zumindest lässt sich das aus einer repräsentativen Umfrage für den Freiheitsindex 2013 des John Stuart Mill Instituts ableiten.

Gute Ordnungspolitik geht mit einer Herrschaft des Rechts einher. Gute Ordnungspolitik dient der Mehrung und dem Schutz von Freiheit. Schlechte Ordnungspolitik bringt hingegen ein System hervor, in dem Freiheit kontinuierlich beschränkt, somit Fehler zentralisiert und Lernen vermindert wird. Dazu passt der Befund, dass die neoliberale Ordnung der Sozialen Marktwirtschaft längst dem paternalistischen Wohlfahrtsstaat gewichen ist. Scheinliberale haben zu dieser Entwicklung beigetragen. In schlechten Systemen halten wenige Menschen viele Kompetenzen in ihren Händen. Wettbewerb, gerade bei staatlichen Monopolen, ist hier Fehlanzeige. In politischer Hinsicht ist es problematisch, dass das Formulieren, Festsetzen und Durchsetzen der Spielregeln aus einem wettbewerbslosen Bereich stammt, zumal der Staat nicht nur Schiedsrichter, sondern auch Mitspieler ist. In Deutschland und Europa ist die Neugewichtung von Markt und Staat, von Bürgern und Herrschenden, nach der Finanz- und in der EU- und Euro-Krise besonders dringlich.

Zum Weiterlesen

Einer der berühmtesten Essays über Marktwirtschaft, Arbeitsteilung und die spontane Ordnung, die durch die "Unsichtbare Hand" geleitet wird, liegt erstmals in deutscher Übersetzung vor. Die Rede ist von Leonard E. Read's "*I, pencil*". Die deutsche Übersetzung stammt von Gesine von Prollius und ist bei Forum Ordnungspolitik abrufbar. Der Essay erschien erstmals 1958 in der Zeitschrift „The Freeman", die von der Foundation for Economic Education herausgegeben wird. Dort gibt es auch die englische Originalfassung und eine englische Audiofassung. Inzwischen ist auch ein sechsminütiges Video verfügbar, das sich eng an den "I, Pencil"-Essay anlehnt.

Wer sich mit Ordnungstheorie, Ordnungspolitik und ökonomischem Denken beschäftigen möchte, der findet hier Lesestoff:

Alfred Schüller / Hans-Günter Krüsselberg (Hg.): Grundbegriffe zur Ordnungstheorie und Politischen Ökonomik, 6. durchgesehene und ergänzte Auflage, Marburg 2004.
Dieses unscheinbare Kompendium hält, was der Titel verspricht. Es vermittelt die wissenschaftstheoretische Grundlage zu Begriffen wie Wirtschaftsordnung und Wirtschaftssystem, darüber hinaus zu den Ismen der Politischen Ökonomik, vom Liberalismus über Dirigismus und Sozialismus bis zum Institutionalismus. Anschließend wird das Denken in Ordnungen zur Beurteilung der volkswirtschaftlichen Leistungsfähigkeit und gesellschaftlichen Wünschbarkeit konkreter Wirtschaftssysteme (Marktwirtschaft, Zentralverwaltungswirtschaft) sowie für die Problematik der Systemtransformation herangezogen. Kurzum, ein unerlässliches theoretisches Rüstzeug für Einsteiger und Nachschlager.

Eugen Maria Schulak und Herbert Unterköfler: Die Wiener Schule der Nationalökonomie. Eine Geschichte ihrer Ideen, Vertreter und Institutionen, Verlag der Provinz edition seidengasse, Weitra 2009, 250 Seiten, 24,00 Euro.
Drei Theoreme unterscheiden Österreichische Ökonomik und Neoklassik: hier zweckgerichtetes Handeln, individuelle Präferenzen und dynamische Prozesse – dort Optimierungsverhalten, fixe Präferenzen und statisches Gleichgewicht. Diese und eine Fülle weiterer Erkenntnisse bietet die sehr lesenswerte,

vorwiegend ideengeschichtlich ausgerichtete Darstellung der Wiener oder Österreichischen Schule der Ökonomik. Ein Standardwerk für Einsteiger und Fortgeschrittene.

Jesús Huerta de Soto: Die Österreichische Schule der Nationalökonomie - Markt und unternehmerische Kreativität, Deutsche Erstausgabe hg. vom Friedrich August von Hayek Institut, Wien 2007, 152 S., 19,00 Euro.
Ein weiterer lesenswerter Einstieg in die Österreichische Ökonomik gliedert sich in zwei große Teile: Prinzipien in fundamentaler Abgrenzung zur Neoklassik und eine lesenswerte dogmengeschichtliche Darstellung über die Entstehung der Österreichischen Schule. Ein Resümee über die aktuelle Renaissance, einschließlich eines Hinweises auf wichtige (lebende) Vertreter der Österreichischen Schule rundet den Band ab. Er sollte in keinem Bücherregal fehlen.

Ulrich van Suntum: Die unsichtbare Hand. Ökonomisches Denken gestern und heute, 2. Auflage Berlin u.a. 2001.
Das Fachbuch der Volkswirtschaftslehre erklärt eingängig die Gesetzmäßigkeiten der Wirtschaft. Der Münsteraner Professor beantwortet gut verständlich alle wichtigen Fragen von der Entstehung der Arbeitslosigkeit über die Schwankungen der Konjunktur bis zum Sozialen in der Marktwirtschaft.

Wilhelm Röpke: Die Lehre von der Wirtschaft, 13. Auflage Bern u. a. 1994, antiquarisch erhältlich.
Der zeitlose Klassiker (Erstauflage 1937!) vermittelt jenseits von mathematischem und graphischem Schnickschnack ein Grundverständnis für die Funktionsweise der Wirtschaft. Allgemein verständlich geschrieben und damit für Einsteiger besonders geeignet, gerät durch den ganzheitlichen Blick nie die Komplexität der Zusammenhänge aus dem Blick. Nach der Lektüre dieser Einführung begreift man die Verflechtung von Wirtschaft und Gesellschaft und, dass Wirtschaftspolitik der Schaffung einer menschenwürdigen Ordnung dienen muss.

Henry Hazlitt: Economics in one lesson. The shortest and surest way to understand basic economics, Three Rivers Press, New York 1979 (Erstauflage von 1946), 218 S.; deutsch unter dem Titel „Die 24 wichtigsten Regeln der Wirtschaft", FinanzBuch Verlag 2014, 260 S, 24,90 Euro.
Die Kunst der Wirtschaftspolitik, insbesondere guter Wirtschaftspolitik, besteht darin, nicht nur die aktuellen, sondern vielmehr die langfristigen Wirkungen der Politik zu betrachten; zugleich gilt es, die Folgen der Politik nicht nur für eine Gruppe, sondern für alle Gruppen zu verfolgen. Dies ist der Dreh- und Angelpunkt von „Economics in one lesson", das aus der Feder des glänzenden Publizisten Henry Hazlitt stammt. In 24 kurzen Kapiteln wird die Lektion vermittelt, von Steuern über den Fetisch Vollbeschäftigung bis zu Preisen, Mindestlöhnen und Inflation. Friedrich August von Hayek bezeichnete das Buch als „brilliant"; er kenne kein Buch, von dem man so viel über die Grundsätze der Ökonomie in so kurzer Zeit lernen könne. Bezeichnenderweise war die deutsche Übersetzung lange vergriffen und ist derzeit unter dem Titel "*Die 24 wichtigsten Regeln der Wirtschaft* " wieder erhältlich.

Ludwig von Mises: Der Wert der besseren Ideen. Sechs Vorlesungen über Wirtschaft und Politik, (Olzog Verlag) München 2008, 144 S., 19,90 EUR.
1959 hielt Ludwig von Mises eine Reihe von Vorlesungen vor hunderten Menschen im Auditorium Maximum der Universität von Buenos Aires, Argentinien. Sieben Jahre nach dem Ende der Ära Perón war das Land reif für neue Ideen. Die Zuhörer wussten kaum etwas über individuelle Freiheit und freie Marktwirtschaft. Glücklicherweise sind von den meisterhaften Vorlesungen über Kapitalismus, Sozialismus, Interventionismus, Inflation, Auslandsinvestitionen sowie Politik und Ideen wortgetreue Mitschriften angefertigt worden; Mises selbst hatte sich lediglich einige Stichworte notiert. Die Vorlesungen sind inhaltlich und stilistisch brillant. Für Einsteiger und Fortgeschrittene ist die Wiederauflage der seit Jahren vergriffenen deutschen Ausgabe durch den Olzog Verlag ein Glücksfall. Hier erfahren Sie die zeitlose Wahrheit über die Funktionsweise einer freien Wirtschaft und ihre Gegner. Kur: eines der besten wirtschaftspolitischen Bücher überhaupt.

Herbert Hax: Unternehmen und Unternehmer in der Marktwirtschaft, Göttingen 2005, 189 S., 16,99 Euro.
Dieser zeitlose, sachliche Überblick informiert über die Rolle, Bedeutung und Funktionsweise von Unternehmen und Unternehmern in der Marktwirtschaft. Alle wesentlichen Aspekte von der Produktion über die Finanzierung bis zum Absatz finden Beachtung und werden in einer vorzüglichen Verbindung von betriebswirtschaftlicher und volkswirtschaftlicher Perspektive miteinander verknüpft. Auch zum Nachschlagen eignet sich der kleine Band.

ORDO. Jahrbuch für die Ordnung von Wirtschaft und Gesellschaft
Die jährlich erscheinende akademische Zeitschrift der Liberalen und Ordoliberalen bietet wissenschaftliche Erkenntnisse und Einschätzungen zu aktuellen und grundsätzlichen Ordnungsfragen in nüchternen Aufsätzen. Das Ergebnis ist Politikberatung auf hohem Niveau – eine populäre Ausgabe als Magazin würde mehr Menschen für eine freiheitliche Ordnung gewinnen.

Wirtschaftliche Freiheit. Ordnungspolitisches Journal
Der Blog wurde von Norbert Berthold, Professor für Volkswirtschaftslehre an der Universität Würzburg, gegründet und versammelt inzwischen Beiträge von vielen namhaften, überwiegend deutschen Ökonomen sowie Gästen aus Politik, Wirtschaft und Publizistik, die sich mit verschiedenen aktuellen und grundsätzlichen Fragestellungen befassen. Jeden zweiten Tag erscheint ein neuer Artikel, der regelmäßig zeigt, warum wirtschaftliche Freiheit so bedeutsam ist.

Weniger regelmäßig, aber von großer Qualität sind die Beiträge, die auf der Homepage des *Liberalen Instituts* (Schweiz) in der Regel als LI-Paper veröffentlicht werden. Lesenswert sind zudem regelmäßig die Beiträge des *Ludwig von Mises Institut Deutschland*, die als News-Mail-Abonnements verfügbar sind.

Gedanken zur ordnungspolitischen Lage

Die ordnungspolitische Misere: Mehltau verlängert Reformstau[11]

Gemütlichkeit und Illusionen stehen drängenden ordnungspolitischen Reformen im Wege. Die Deutschen haben sich gut eingerichtet, obwohl der Wohlfahrtsstaat eine Sackgasse ist.

„*Es wird nie soviel gelogen wie vor der Wahl, während des Krieges und nach der Jagd*". Diese zeitlose Beobachtung stammt von Otto von Bismarck. Ein Blick auf die Wahlprogramme von 2013 lässt hoffen, dass das der Fall ist. Keine Partei wartet mit einem ordnungspolitischen Reformprogramm auf. Keine Partei tritt dezidiert für Freiheit und Selbstverantwortung ein. Fast jede Partei bietet einen

---

[11] Erschienen bei Forum Freiheit 2013 am 11.09.2013 unter dem Titel „Mehltau verlängert Reformstau" und dem Teaser „Gemütlichkeit und Illusionen stehen drängenden ordnungspolitischen Reformen im Wege. Die Deutschen haben sich gut eingerichtet, obwohl der Wohlfahrtsstaat eine Sackgasse ist."

bunten Strauß an umverteilenden Wohlfahrtsmaßnahmen an. Und wer keine Steuererhöhungen in seinem Wahlprogramm aufgeführt hat, der kann dem Vorwurf der Lüge nur dadurch entgehen, dass er nicht auf der Regierungsbank Platz nimmt. Fast 60% des Bundeshaushalts 2013 sind für Soziale Sicherung und Zinsen vorgesehen. Die Staatsverschuldung erhöht sich sekündlich um 1.556 Euro und beträgt bereits über 2,1 Billionen Euro. Die Nachhaltigkeitslücke aus expliziten und impliziten Schulden summiert sich auf 5,9 Billionen Euro oder 227% des BIP. Die zusätzliche Rechnung für die Euro-Misere wird noch gedruckt.

Das weitgehend einheitliche, verbraucherfreundliche und bürgerfeindliche Politiksortiment mag eine Ursache für den einschläfernden Wahlkampf sein; darüber können auch inszenierte Duelle nicht hinwegtäuschen. Plakatierte Langeweile verstellt den Blick für das Wesentliche in Berlin. Erneut liegt nach 2006 Mehltau auf dem politischen Deutschland – während in Europa Entscheidungen von großer Tragweite gefällt werden. Das ist kein Wunder, Mehltau tritt verstärkt im Herbst bei warmem, feuchtem Wetter auf. Mehltau ist bekanntlich eine durch Pilze verursachte Krankheit, die als weißer Belag sichtbar wird. Auch der deutsche Wohlfahrtsstaat befindet sich im Herbst seines Lebenszyklusses. Seit der Stagflation der 1970er Jahre, die dem kräftigen Ausbau der Wohlfahrtsstaates unmittelbar folgte, wird über strukturelle Reformen diskutiert. Passiert ist indes wenig. Stattdessen ist sein Ausbau kontinuierlich vorangeschritten, mit Rekordschulden unter jedem neuen Finanzminister. Das lässt sich auch an den Themen des bisher fast sieben Millionen Mal benutzten Wahlomaten 2013 ablesen. Die Masse der Fragen zielt auf eine Ausweitung wohlfahrtsstaatlicher Maßnahmen: Mindestlohn, Betreuungsgeld, bedingungsloses Grundeinkommen und Erhöhung des Spitzensteuersatzes, Pflegegeld für Angehörigenbetreuung, Bafög für alle und Rentenalter senken, staatliche Krankenversicherung für alle, weitere Mietpreisregulierung, Maut einführen, energieintensive Industrien stärker besteuern, Strompreis stärker regulieren und Frauenquote. Kurz: Staat statt privat.

Unmittelbar vor der Finanzkrise waren die Zeitungen noch voll mit Diskussionen um den Rückbau des wuchernden Wohlfahrtsstaates. Die Reformagenda ist denkbar einfach: Ausgaben senken und Staatstätigkeit zugunsten privater Initiative, Wahlfreiheit und Wettbewerb umbauen. Das gilt angesichts der Finanz- und Staatsschuldenkrise und der strukturellen Wachstumskrise in Europa umso mehr. Ludwig von Mises hat es bereits 1931 auf den Punkt gebracht. „*Die Wirtschaftskrise ist auch zugleich eine Krise der öffentlichen Finanzen, und die Krise der öffentlichen Finanzen ist ohne einen vollständigen Umbau der Staatstätigkeit nicht zu beheben.*“

Die ordnungspolitische Devise „*Freiheit und Selbstverantwortung*“ lässt sich auf alle zentralen Reformfelder übertragen:

1. Euro- und Europa-Krise: Geldfreiheit sowie Selbstverantwortung der Banken und Nationalstaaten, zudem Non-Zentralismus und Rückkehr zum menschlichen Maß!
2. Steuern: Weitgehende Vereinfachung der Steuergesetze und viel mehr Netto für die Bürger! Wie wäre es zudem mit einer 50%-Abzugsfähigkeit von der Steuerschuld, die gemeinnützigen Zwecken zugutekommt?
3. Soziale Sicherung: Freie Fahrt für private Kranken- und Rentenversicherung mit Risiko adäquaten Tarifen für mündige Bürger, die so lange arbeiten wie sie möchten und es sich leisten können.
4. Arbeit: Die Arbeitsvermittlung gehört ebenfalls komplett in private Hand. Ein freies Vertragsrecht ist das Ziel beim Lichten des Regulierungsdickichts von über 30 verschiedenen Rechtsquellen.
5. Energie: Markt und Wettbewerb statt Kartelle und subventionierte staatliche Energiebewirtschaftung, mit dem aberwitzigen Ziel, die Erde durch CO_2-Reduktion in Deutschland abzukühlen.
6. Bildung: Die Hirnforschung warnt seit langem: die standardisierten Lernverfahren sind ungeeignet und

demotivieren. Bahn frei für Experimente der Vielfalt und den Wettbewerb als Entdeckungsverfahren! Ein erster Schritt: Bildungsgutscheine ausgeben.

7. Außenpolitik: Die Aufgabe und Existenzberechtigung des Staates besteht im Schutz von Leib, Leben und Eigentum der Bürger, die ihn zu diesem Zweck geschaffen und beauftragt haben. Kapitalismus und die Stärkung der internationalen Herrschaft des Rechts sind die besten Mittel der Friedenssicherung.

Zur Aufgabe der Ordnungspolitik gehört es, inflationäre Gesetzgebung und marktwirtschaftsfeindliche Vorhaben für das anschließende Ausrupfen zu kennzeichnen. Die Alternative wäre, auf den 22-Punkt-Marienkäfer zu warten, der sich von Mehltau ernährt. Bis der kommt, bleibt der Kern des Wohlfahrtsstaates die Leitidee von Otto von Bismarck: „*Mein Gedanke war, die arbeitenden Klassen zu gewinnen, oder wie soll ich sagen, zu bestechen, den Staat als soziale Einrichtung anzusehen, die ihretwegen besteht und für ihr Wohl sorgen möchte.*“ Mit Illusionen leben Deutsche recht bequem – eine Zeit lang. Dann wird es ungemütlich.

Ursachenforschung: Mangelt es der Politik an Glaubwürdigkeit? Entpolitisieren als Herausforderung unserer Zeit[12]

Politiker leiden unter einem drastischen Glaubwürdigkeitsverlust. Kaum eine Berufsgruppe ist so schlecht angesehen, gilt als dermaßen abgekoppelt vom wirklichen Leben. Zugleich haben sich Politiker noch

---

[12] Erschienen in Merkur. Deutsche Zeitschrift für europäisches Denken 65 (2011) H. 2, 171-176.

nie so sehr in unser Leben eingemischt wie heute: Von der Durchleuchtung unserer Bankkonten, über das Beleuchtungsverbot für Glühbirnen bis zu Vorschriften und Moralpredigten für eine gesunde, umweltbewusste Lebensweise reicht der lange Arm des politischen Apparates, ganz zu schweigen von unüberschaubaren Vorschriften im Berufs- und Wirtschaftsleben. Eine unverantwortliche Finanzpolitik zu Gunsten von Interessengruppen mit Abwrackprämien, Transferzahlungen für bankrotte Regierungen anderer Staaten und durch Steuerzahler mitfinanzierte Banker-Boni lässt den Volkszorn kochen. „*Den schlechten Ruf, den 'die Politik' beim Mann auf der Straße hat, verdankt sie dem Umstand, daß den Menschen bewußt ist, daß Politik weitgehend von einer Reihe von Geschäften mit Interessengruppen bestimmt wird*", urteilte der Sozialphilosoph und Nobelpreisträger Friedrich August von Hayek.

Ist mangelnde Glaubwürdigkeit der Politik das Problem unserer Zeit? Oder ist die praktizierte Politik in grundsätzlicher Weise das Problem?

Politiker bemühen sich immer wieder, ihre Entscheidungen besser zu vermitteln. Längst preisen Marketingagenturen Politik an, in Zeitungen, auf Bahnsteigen und sogar mit Hauswand großen Plakaten. Tatsächlich richten sich die Hoffnungen der Menschen auf eine Lösung unserer vielfältigen, aufgestauten Probleme durch jene, zuvor noch als unglaubwürdig geschmähten Politiker. Das Warten auf den politischen Führer ist mit Händen zu greifen. Es hat etwas Irreales. Die einen lassen oder ließen sich von charismatischen Politikern wie Barak Obama blenden, der den US-Wohlfahrtsstaat ausbauen und die Regierung allzuständig machen will. Die anderen setzen ihre Reformhoffnungen auf einen neuen Ludwig Erhard oder eine eiserne Lady wie Margaret Thatcher. Im medialen Getümmel werden leichthin Prädikate vergeben, die die Sehnsucht nach einer anderen Ordnung befriedigen, darunter „Wirtschaftswunder" und „eiserne Kanzlerin". Parallel erweist sich das vermeintlich kleinere Wahlübel schnell als ein großes. Selten erschallt hingegen der Ruf, die Politik soll nicht handeln.

So wird die verbreitete Kritik an der Bürokratie, an der gerade herrschenden Regierung und an den Anmaßungen von Politikern in Deutschland und Europa schlagartig vergessen. Hoffnungen richten sich auf die jetzt in der Opposition befindliche vormalige Regierungspartei oder einen anderen Politiker, der es richten soll. Exemplarisch steht hierfür der Kommentar eines Politikberaters, der in einer Talkshow sagte: *„Ich habe mich krank geärgert, dass ich vor einem Jahr die FDP gewählt habe. Viele meiner Freunde haben sich über Schwarz und Gelb so geärgert, dass sie jetzt schon ganz grün sind.*"

Staatliches Handeln trifft auf Verständnis. Wer soll sonst handeln? Wir alle haben jüngst von der Alternativlosigkeit politischen Handelns im Zusammenhang mit der griechischen Verschuldungskrise gehört und von Politikern, die die sinkende Massenarbeitslosigkeit als Erfolg proklamieren. Muss die Regierung etwas tun, damit wir uns in Sicherheit wiegen können?

Tatsächlich reift ein Mensch, wenn er aufhört zu glauben, dass Politiker seine oder die Probleme anderer Menschen lösen können. Auch über das Bürgertum hinaus gilt Wilhelm von Humboldts Maxime der selbst bestimmten proportionierlichsten Bildung der Kräfte des Einzelnen zu einem Ganzen. In der Regel ist es das Beste, wenn die Regierung nichts tut. Das lehren Geschichte und Moralphilosophie gleichermaßen. Die Kluft zwischen politischen Absichten und Resultaten ist unüberbrückbar. Zudem sind die Versprechen der Politiker von heute bekanntlich die Steuern von morgen.

Grundsätzlich werden die Handlungsmöglichkeiten von Regierungen überschätzt. Deshalb werden sie in Umfragen und Kommentaren, aber auch in Wahlen wie zurzeit in den USA, bereits nach einem Jahr gestraft. Das gilt für Rot-Grün genauso wie für die amtierende sozial-liberale Koalition. Die Medienberichte von 2000 und 2010 gleichen sich in erstaunlichem Maße. Inzwischen kommt die politische Gleichförmigkeit hinzu. Aus dem Blickwinkel unserer Schweizer Nachbarn wird der extrem breite Konsens der politischen

Klasse in Deutschland deutlich: "*Es hat etwas geradezu Einschläferndes. Fünf sozialdemokratische Parteien sitzen im Deutschen Bundestag.*" urteilt Ulrich Schmid in der Neuen Zürcher Zeitung. Wer wissen wolle, was die Deutschen wirklich denken, der sollte sich in Blogs und Online-Umfragen umsehen – und das "*öde Theater, das Politiker und Medien aufführen*" meiden.

Hinzu kommt der „*Mythos des rationalen Wählers*“, den Bryan Caplan in seinem gleichnamigen Buch entlarvt.[13] Caplan zeigt, dass Menschen vielfach falsche Vorstellungen darüber haben, welche Mittel sich zum Erreichen ihrer Ziele eignen. Zugleich verhalten sich Menschen auf Märkten vernünftiger als in der Politik, wo sie sich von Gefühlen leiten lassen. Als Wähler neigen Menschen regelmäßig dazu, die Leistungsfähigkeit von Märkten, Freihandel und technologischem Wandel zu unterschätzen.

Vor diesem Hintergrund trifft das Urteil des vielleicht erfrischendsten politischen Denkers unserer Zeit, Anthony de Jasay, zu. Auf den Marktsozialismus und Dritten Weg gemünzt, konstatierte er, es handele sich um einen „*offenen begrifflichen Widerspruch wie heißer Schnee, jungfräuliche Prostituierte, fettes Skelett, rundes Quadrat*“.

Ungewohnter, gar unerlaubter Perspektivwechsel

„*Politik ist Anmaßung plus Täuschung plus Geschäft plus Bestechung. Genauer: Anmaßung gesellschaftsgestalterischer Handlungskompetenz plus Vortäuschung der Notwendigkeit von umfassendem Aktivismus plus Geschäft mit der Bewirtschaftung des Neids plus Bestechungsspendabilität mit anderer Leute Geld.*“ urteilt der wortgewaltige Freiheitsdenker Roland Baader. Für den normalen Bürger sind das ungewohnte, drastische Worte. Politisch nicht korrekt ist das Urteil allemal. Und weil das so ist, lohnt es sich, konsequent diese Perspektive einzunehmen. Es ist allerdings erforderlich, sich von

[13] Bryan Caplan: The Myth of the Rational Voter. Why Democracies Choose Bad Policies, Princeton 2007.

bewussten und vielen unbewussten Gewohnheiten zu trennen. Dazu zählt,

- den Staat nicht länger als „Vater Staat“ zu verstehen oder als helfende Hand, als sozialen Friedensstifter, als (einzigen) Retter in der Not bei sozialen Übelständen, Finanz- und Wirtschaftskrisen;
- das ständige Gebrabbel und Gezänk der politischen Klasse zu ignorieren. Nur ganz selten geht es im medialen Alltag um Alternativen zum staatlichen Handeln, fast ausnahmslos hingegen lediglich um Empfehlungen für vermeintlich besseres staatliches Handeln.

Wieder selber denken und sich nicht blenden und betäuben lassen, dürfte das größte Hindernis für eine veränderte Weltsicht sein. Jahre und Jahrzehnte lang wurden wir im staatlichen Kindergarten, in der staatlichen Grundschule, in der staatlichen weiterführenden Schule, in der staatlich kontrollierten und genehmigten Ausbildung, an staatlichen Hochschulen, unterstützt mit staatlichen Fördermitteln, erzogen, unterrichtet und zertifiziert.

Weniger arbeiten“, „besser leben“, „mehr verdienen“, „schneller zu Reichtum gelangen“, über Steuern klagen, aber dem Staat höhere Leistungen abzuverlangen – das alles kennzeichnet zusammen eine geistige Verirrung und Verwirrung, die kaum noch zu überbieten ist und die, auf die Spitze getrieben, die Grundfesten unserer gesellschaftlichen Ordnung zu zerstören geeignet wäre.“

Ludwig Erhard

All das geschieht nicht zentral gesteuert und vielfach unreflektiert. Gleichwohl erzeugt der politisch-bürokratisch-intellektuelle Komplex in Europa einen sich selbst verstärkenden, teils subtilen, teils offenkundigen Staatsfetischismus: Die Regierung kann etwas tun, die Regierung soll etwas tun, die Regierung muss etwas tun. Finanzkrise – mehr Regulierung soll helfen; Umweltkrise – Ausbau der alternativen Energien und Häuserdämmung sollen die Erde abkühlen; Sozialkrise –

der Staat soll das Ausländer- und Integrationsproblem lösen, das er selbst verursacht hat. Zugleich sollen die Regierungen eine behauptete, immer stärker um sich greifende Armut bekämpfen, die nie in der Geschichte zuvor so niedrig war, für gerechte Löhne sorgen, strauchelnde Unternehmen der Automobil-industrie, im Finanzsektor, in der Baubranche retten, auch vor der Übernahme aus dem Ausland, in dem Millionen Europäer jährlich Urlaub machen. Die Regierung soll für mehr Babys sorgen und für weniger Arbeitslose, für mehr „soziale Gerechtigkeit" und weniger Ungleichheit, für mehr Kindergartenplätze und weniger ... und mehr ... und weniger.

Politiker versus Gemeinwohl

Kann es zutreffen, dass die erklärte Gemeinwohlorientierung von Politikern lediglich eine wohlklingende Behauptung ist? Warum sollte ein Politiker moralischer handeln, stärker das Gemeinwohl verfolgen, weniger Karriere orientiert sein als Menschen, die mit ihren Gütern und Dienstleistungen Geld verdienen? Warum sollte es wahr sein, dass Politiker uns helfen wollen, nicht weil er oder sie dadurch einen Vorteil erlangen, sondern weil er oder sie davon überzeugt sind, dass wir Bürger mehr verdient haben als das, was wir derzeit besitzen? Warum benötigen Politiker für ihre Hilfeleistungen die Macht zur Besteuerung, zur Einschränkung von Bürgerrechten, damit es den Bürgern besser geht?

Politiker sind erfahrungsgemäß zuallererst an ihrem eigenen Fortkommen interessiert. Sie wollen versorgt sein, Karriere machen, aufsteigen, nicht zuletzt mehr Geld verdienen. Politiker und Staatsdiener sind nicht weniger profit- und renditegierig als andere Menschen. In der Geschichte der Menschheit sind die drei zentralen Interessen der Herrschenden unverändert geblieben: 1. An der Macht bleiben. 2. Zugriff auf Ressourcen, um Renten (Einnahmen) für sich zu erzielen. 3. Alimentierung der Klientel durch Zugriff auf Ressourcen. Herrschende verfolgen ihre Ziele in der Regel auf Kosten anderer. Der Staat hat selbst kein Geld. Alles, was die Regierung gibt, muss sie zuvor jemandem weggenommen haben. Mit Ludwig Erhard: *Jede Ausgabe des Staates beruht auf einem Verzicht des Volkes.* Das unterscheidet Politik vom Markt, der auf einem freiwilligen Tausch beruht, bei dem sich beide besserstellen. Das möchte heute allerdings kaum jemand hören, geschweige denn akzeptieren. Die Public Choice Theorie, die staatliche Entscheidungen mit wirtschaftswissenschaftlichen Instrumenten untersucht, untermauert diese Einschätzung.

Politiker haben Schwächen. Matt Ridley hat in seiner Wall-Street-Kolumne fünf aufgezeigt, die systematischer Natur sind:

- Aktionismus, also der Drang zu handeln ohne hinreichende Kenntnis der Ursache oder einer wirksamen Lösung.
- Eigennutzorientierung, d.h. diejenige Lösung eines Problems auswählen, die Politikern persönliche Vorteile verschafft.
- Tunnelblick, das bedeutet, sich lediglich auf die beabsichtigte Wirkung konzentrieren und alle anderen Wirkungen ausblenden.
- Emotionale Einseitigkeit, also nach persönlicher Gefühlslage Urteile und Maßnahmen ergreifen.
- Selbstüberschätzung, das ist der weit über Politiker hinaus verbreitete Glaube, mehr zu wissen, als es tatsächlich der Fall ist. Allerdings hat Selbstüberschätzung bei Politikern durch den Zugriff auf das staatliche Zwangsmonopol besonders drastische Folgen.

Offenkundig stehen diese Schwächen der Förderung des Gemeinwohls im Weg. Regierung, Parteien und Staatsapparat sind nicht zuerst an der Wohlfahrt der Bürger interessiert, sondern an der Ausweitung ihres Einflusses, ihrer Zuständigkeit und ihrer Gestaltungsmöglichkeiten. Der kolumbianische Denker Nicolàs Gómez Dávila war überzeugt: „*Die Schirmherrschaft über die Armen zu übernehmen war in der Politik immer das sicherste Mittel, sich zu bereichern.*“

Herrschaft des Rechts

Der historische Erfolg des Westens beruht wesentlich darauf, dass *die Macht von Menschen über Menschen kontinuierlich beschränkt wurde.* An ihre Stelle ist in unterschiedlicher Ausprägung die Herrschaft des Rechts getreten.

Die Forderung nach einer Herrschaft des Rechts erstreckt sich bis in die Antike, erlebte aber ihre erste große Ausprägung im und seit dem 17. Jahrhundert. Große europäische Denker haben die Jahrhunderte alte Tradition der Herrschaft des Rechts ausformuliert:

- John Locke forderte, die eigentlich Aufgabe des Staates sei der Schutz von Eigentum, Leib und Leben. Nur deshalb sei der Staat überhaupt zu rechtfertigen.
- Für Immanuel Kant ermöglicht erst die Herrschaft des Rechts die Ausübung der individuellen Freiheit für jedermann. In Kants Staatsrecht ist das Volk der Souverän einer Ordnung, die Freiheit und Gleichheit aller Bürger gewährleistet.
- Alexis de Tocqueville warnte vor dem Despotismus der Mehrheit, die durch Ballung sozialer Macht in einer gesetzgebenden Körperschaft entsteht. Zugleich zählt er zu den radikalsten Kritikern des bürokratischen Zentralismus.
- Von Lord Acton stammt das berühmte Diktum: *Macht korrumpiert, absolute Macht korrumpiert absolut.* Die Beschränkung der Macht, deren größte Gefahr ihr Missbrauch sei, stelle daher die wichtigste Aufgabe dar. Für Acton ist nicht das Mehrheitsprinzip der Demokratie das höchste Prinzip, sondern das Gewissen. Demokratie müsse zivilisiert werden, insbesondere durch rechtliche Institutionen, darunter den Föderalismus.

Die großen europäischen Freiheitsdenker waren sich einig, dass das Mehrheitsprinzip zwar Vorteile hat, aber weder die Machtfrage löst, noch moralischer ist, weil Entscheidungen durch eine Mehrheit gegen eine Minderheit getroffen werden. Niemals dürfe das Prinzip der Freiheit der Quantität geopfert werden. Sie waren überzeugt, dass eine

Ordnung der Freiheit mit selbst verantwortlichen, mündigen Menschen den (natürlichen) Gegenentwurf zur hierarchischen Ständegesellschaft bildet. Die Botschaft der Freiheit auf der Grundlage einer Herrschaft des Rechts mit einem stark beschränkten Souverän und konkurrierenden, sich ausbalancierenden dezentralen politischen Gebilden ist zeitlos und mit Blick auf den EU-Zentralismus wieder aktuell.

Recht und Freiheit statt Zwang

Die Alternative zur Herrschaft durch Gesetze ist die Herrschaft des Rechts. Zwischen Recht und Gesetz besteht ein substantieller Unterschied. Recht umfasst die Regeln und Verhaltensweisen, die sich in einem Entdeckungsverfahren durch das Handeln von Menschen herauskristallisieren und mit ihren Konventionen, Traditionen und Erwartungen verknüpft sind, z.B. die 10 Gebote und ehrbares kaufmännisches Verhalten. Gesetze sind von staatlichen Organen erlassene verbindliche Rechtsnormen. Im Idealfall gießt der Gesetzgeber lediglich etabliertes Recht in Gesetze, im ungünstigen Fall schafft er Unrecht.

In Deutschland ist die Ansicht weit verbreitet, der Staat respektive die Regierung vergebe Rechte an seine Bürger. Bei der Herrschaft des Rechts verhält es sich genau umgekehrt: Der Staat und die Regierung erhalten besondere, begrenzte Rechte durch den Bürger und zwar nur so lange wie die Ausübung der Rechte erforderlich ist und der Staat respektive die Regierung sich an die ihnen verliehenen Rechte hält. Diese Rechte umfassen im Kern die Ausübung bestimmter Dienstleistungen, vor allem den Schutz von Eigentum, Leib und Leben.

Wir haben es also gerade nicht mit einem Herrscher-Untertanen-Verhältnis zu tun, in dem Vater Staat seinen Bürgerkindern Rechte verleiht. Vielmehr verhält es sich umgekehrt, und die Freiheitsrechte bestehen unabhängig von der Existenz eines Staates und einer Regierung. Es handelt sich um unveräußerliche individuelle Rechte. Ein vollwertiger Bürger muss nicht erst staatlich zertifiziert werden.

Viele der rund 80.000 Gesetze und Vorschriften, die ein deutscher Bürger heute tagtäglich einhalten muss, widersprechen dem gesunden Rechtsempfinden. Und die Gesetze werden nicht dadurch besser, dass sie von einer Mehrheit gegen eine Minderheit beschlossen wurden. Die große Idee, dass sich die Gesellschaft überwiegend selbst regeln kann, dass die miteinander verbundenen Menschen ihr Leben ganz überwiegend selbst regeln können, ist im 20. Jahrhundert verschüttet worden. Das ändert nichts daran, dass diese Erkenntnis wahr ist.

Fazit und Perspektive: Entpolitisieren als Alternative

Roland Baader urteilt in der Tradition der europäischen Aufklärer: *„Der Schutz des privaten Eigentums ist die einzig legitime Aufgabe des Staates.“* Und er fügt hinzu: *„Statt sie zu erfüllen, plündert er die Eigentümer aus.“* Das politische Problem besteht auch heute nicht darin, dass Politik ein Glaubwürdigkeitsproblem hat, sondern selbst das Problem ist. Deshalb kann die Lösung auch nicht mehr Politik, sondern nur weniger Politik sein.

Die Bürger machen von dieser Lösung bereits Gebrauch – mit drei klassischen Strategien: Exit, Voice und Loyalty. Das bedeutet Abwanderung, Protest und Illoyalität.

- Abwanderung findet massenhaft statt. Von den Hochschulabsolventen der Humanmedizin sind es weit mehr als die Hälfte, an einzelnen Fakultäten bis zu 90 Prozent, die ins Ausland gehen. Leider trifft die populistische Parole des Bremer Sozialwissenschaftlers Gunnar Heinsohn für die politisch bedingte Migrationsbilanz zu: *„Luschen rein, Asse raus“*.
- Proteste sind verbreitet, insbesondere Großprojekte sind ein weithin sichtbares Ziel. Zwar ist Arnulf Barings Aufruf *„Bürger auf die Barrikaden!“* nicht Realität geworden, aber Widerspruch ist in der Bevölkerung verbreitet. Inzwischen sind in Blogs und sozialen Netzwerken politisch-mediale Parallelwelten entstanden, die von Volksparteien weder integriert noch beherrscht werden können.

- Loyalität gegenüber dem Staat und seinen Institutionen beeinflusst die beiden zuvor genannten Größen. Je größer die Loyalität gegenüber dem Staat und den Regierungen, desto geringer fällt die Abwanderung und der Protest aus. Illoyalität kommt in den eingangs erwähnten Umfragen zum Ausdruck. Politiker und Regierungen werden als Hochstapler entlarvt, bespöttelt, teilweise schlägt ihnen aus etablierten Kreisen eine lange nicht erlebte Verachtung entgegen. Zur Illoyalität zählen zudem Schwarzarbeit, Steuerhinterziehung und die wachsende Wahlenthaltung.

Entpolitisieren bedeutet auch Entsagen, insbesondere den Dienstleistungen der Regierung. Vertreter der Bürgerrechtsbewegung der DDR erklären, dass Entsagen ein Element der Freiheitsrevolution gewesen sei. Entpolitisieren schließt zudem das Meiden politischer Funktionäre ein. Stattdessen lohnt sich das dezentrale Engagement vor Ort auf der Gemeinde- und Kreisebene, jenseits etablierter Parteien.

Es muss alles getan werden, um den Schwerpunkt der Lebensverantwortung wieder zu verlegen vom staatlichen Zentrum an die Stelle, die gesundes Denken und geschichtliche Erfahrung als die natürliche Seite verlangt, hin zum einzelnen inmitten seiner Familie, zu den dezentralisierten, staatsfreien Organisationen, zu den breiten Schichten der Völker. An dieser Aufgabe ... entscheidet sich das Schicksal unserer Kultur, deren Wesen Freiheit und Persönlichkeit sind.“

Wilhelm Röpke

Mehr als ein Drittel aller Bürgermeister, 12 Oberbürgermeister kreisfreier Städte und fast ein Fünftel aller Landräte in Deutschland haben bereits kein Parteibuch mehr. Tatsächlich verläuft die natürliche Ordnung einer Gesellschaft von unten nach oben – non-zentral. Entscheidungen gehören auf die Gemeindeebene, auf die kleinste Verwaltungseinheit. Regionen stehen im Wettbewerb. Die Regierung sollte so klein wie möglich sein – so dezentral und lokal wie möglich.

Politik ist zunächst prinzipiell nicht zuständig. Dem Staat bleibt die Aufgabe, dafür Sorge zu tragen, dass Glücks- und

Wohlfahrtsvorstellungen verschiedener Menschen nebeneinander bestehen können. Schließlich sind Glücks- und Wohlfahrtsvorstellungen immer auf den Einzelnen und seine Familie bezogen. Niemand hat das Recht, jemanden dazu zu zwingen, auf eine bestimmte Art und Weise glücklich zu sein und seine Wohlfahrt zu verbessern – kein Mensch, keine Gruppe, keine demokratisch gewählte Mehrheit, keine Regierung und auch kein Staat(sapparat).

Freiheit ist allerdings anstrengend. Denn es bedeutet, Freiheit zu ertragen und die damit verbundene Verantwortung. Zugleich ist Freiheit nicht nur ein Ideal. Der Hamburger Philosoph Rolf W. Puster hat Recht, wenn er konstatiert, Freiheit ist „*ein universeller Schlüssel zur Lösung der wichtigsten Probleme des menschlichen Zusammenlebens*".

Statt auf die Macht politischer Führer zu setzen, sollten wir auf die Kraft der spontanen Ordnung vertrauen. Dann gilt, was Friedrich August von Hayek vor 50 Jahren in „Die Verfassung der Freiheit" schrieb: „*Mit begrenzteren Zielen, mehr Geduld und Bescheidenheit werden wir vielleicht weiter und schneller vorwärtskommen als unter der Führung eines stolzen und höchst anmaßenden Vertrauens auf die transzendente Weisheit unseres Zeitalters und seiner Urteilskraft.*"

Irrationale politische Überzeugungen

Wie lässt sich das Wahlverhalten von Menschen erklären, das immer wieder irrational anmutet? Dieser Frage ist Michael Huemer in seinem Aufsatz „Why People Are Irrational about Politics" nachgegangen. Seine Erkenntnis erinnert im Kern an Bryan Caplans „Myth of the Rational Voter" und lautet: 1. Irrationalität erkläre das größte Problem unserer Zeit, nämlich das Verhindern von Lösungen durch Politik. 2. Politische Irrationalität sei vollkommen rational, denn die Individuen würden durch Festhalten an politischen Glaubenssätzen psychologisch belohnt. Zudem erleide kein Wähler einen Schaden durch sein Festhalten an falschen politischen Überzeugungen.

Der politische Glaube werde vor allem durch persönliche Interessen und Neigungen, die Zugehörigkeit zu einer sozialen Gruppe, das Selbstbild und den Hang zu kohärentem Verhalten aufrechterhalten. Infolgedessen könnten Mechanismen wirken wie vorurteilsgeladene Gewichtungen, die vorhandene Auffassungen bestätigen oder abweichende Ansichten relativieren. Beweise würden dann nur aus Quellen akzeptiert, die bereits für richtig erachtet wurden. Außerdem könnten subjektive, spekulative und anekdotische Behauptungen als Beleg für politische Meinungen bedeutsam werden.

Eine wichtige Schlussfolgerung liegt nahe: Angesichts dieser rationalen Irrationalität vermögen Diskussionen kaum politische Überzeugungen zu ändern. Was hilft? Skepsis! Beharren auf Fakten und Logik! Sich besser informieren. Das hilft nicht zuletzt gegen die gröbsten Selbsttäuschungen.

Quergedacht: Krisendiskurse und Krisenursachen

Krisen gehören zum Alltag. Allerdings ist es schwer, Krisen und Alltag abzugrenzen, weil Alltag oder Normalität kein statischer Zustand ist. Zudem mangelt es regelmäßig an einem präzisen Verständnis, was Normalität ausmacht und vor allem wie sie zu erklären ist. Krisen bedürfen also einer Normalitätstheorie. Insofern haben wir es bei großen aktuellen Krisen, vom „Arabischen Frühling" über die Banken- und Staatsschuldenkrise bis zur Gesellschaftskrisis der Gegenwart, nicht allein mit den viel beklagten Unzulänglichkeiten der Krisendiagnose zu tun. Es mangelt vielmehr an einer überzeugenden Beschreibung der Normalität.

Lob der Skepsis

Was tun? Am Anfang kann ein Lob der Skepsis stehen. Es ist zugleich ein Lob der differenzierten Sichtweise. Skepsis bedeutet

Sachverhalte ernstnehmen, sie kritisch würdigen. Skepsis kann zudem als Dialektik zwischen Argumentieren und Beobachten des Argumentierens dienen. Diese Auffassung vertritt Gerhard Schulze, Soziologe an der Universität Bamberg, in seinem Essay „Krisen“ bei der Vontobel Stiftung, der inzwischen auch in umfangreicherer Form als Buch erhältlich ist. In seinem glänzend geschriebenen Text plädiert Gerhard Schulze dafür, den Verstand zu bemühen, statt Instinkten zu folgen. Das bedeute relativieren, kritisch betrachten statt der vielfach praktizierten Objektivitätstümelei, die nur scheinbar die Normalität treffend erfasst. Mit Karl Popper gebe es ohnehin nur Vermutungswissen und keine Sicherheit – das gelte ganz besonders für Experten, die im Übrigen regelmäßig schlechtere perspektivische Einschätzungen abgaben als normale Menschen im Durchschnitt.

Krisen werden konstruiert

Was ist eine Krise? Krise dient als Bezeichnung einer Entwicklung, bei der das Normale für längere Zeit aussetzt, es handelt sich also um eine „*Störung wiederholter, ineinandergreifender Abläufe mit Hoffnung auf Besserung und Rückkehr zum Normal-Zustand*“. Allerdings meint Gerhard Schulze zu Recht mehr einen Prozess als etwas Statisches. Bemerkenswerterweise erfahren Krisen durch einen gesellschaftlichen Konstruktivismus ihre (zusätzliche) Bedeutung, schließlich sei eine Krise niemals nur eine Krise, sondern unvermeidlich eine Konstruktion ihrer Beobachter.

Dementsprechend sind drei Konstruktionselemente für eine Krise erforderlich: die Theorie des Normalen – das Diagnosemodell – das Kausalmodell. Drei Schlagworte hierfür lauten: Normalität, Diagnose, Kausalität. Die große Herausforderung besteht darin, Normalität angemessen zu fassen und zu verstehen: „*Wer Krise sagt, muss ein taugliches Normalitätsmodell vorweisen. ... Wer Normalität beschreibt, muss begründen, warum sie eigentlich wieder hergestellt werden soll. Eine Veränderung ist nicht notwendig eine Störung – dann liegt aber auch keine Krise vor.*“ Ohne ein Normalitätsmodell, gibt es keine Krise.

Und die Qualität des Normalitätsmodells beeinflusst maßgeblich unser Krisenwissen, also sowohl die Diagnose als auch die Kausalmodelle.

Normalität begreifen fällt schwer

Eine Theorie des Normalen stellt eine besonders schwierige Herausforderung dar. Das liegt nicht zuletzt an unserer Alltagswahrnehmung, die besonders stark auf Abweichungen vom Normalen reagiert, hingegen wenig Reflektionen über den Alltag enthält. Folglich tendieren auch wissenschaftliche Krisendiskurse zu einem „*alltagsweltlichen Normalitätsmodell der Gesundheit.*“ Krisen werden als Krankheiten verstanden. Wer auf den geldpolitisch bedingten Boom und Bust Zyklus etwa im Immobiliensektor schaut, wird die bereinigende, heilsame Überwindung der Krise durch Preisanpassungen und Restrukturierung der Kapitalverteilung mit Begleiterscheinungen wie Arbeitslosigkeit und Unternehmenszusammenbrüchen mit dem alltagsweltlichen Gesundheitsmodell leicht in Einklang bringen können. Zugleich sind Krisen ein fester Bestandteil der Moderne; seit 200 Jahren folgt eine Krise der anderen. Weil wir der alten Ordnung anhängen, begreifen wir Krisen als Änderungen der Normalität in Richtung einer neuen Realität nicht als Chance.

Risiko und Krise

Die Begriffe Risiko und Krise gehören zusammen. Risiken werden von der Ursachenseite aus betrachtet mit der Frage nach den Wirkungen; Krisen werden von der Wirkungsseite aus wahrgenommen mit der Frage nach den Ursachen. Illustrieren lässt sich das mit folgender Doppelfrage: Welche Folgen hat eine Politik billigen Geldes? Wie ist hohe Inflation zustande gekommen? Zugleich wird deutlich, wie voraussetzungsvoll Diskurse über Krisen werden und wie bedeutsam eine angemessene Beschreibung und Erklärung der Normalität ist. Offenkundig werden Risikodiskurse regelmäßig im Voraus, Krisendiskurse hingegen im Nachhinein geführt. Während Risiken allgegenwärtig sind, gilt das für Krisen trotz ihrer Häufigkeit nicht. Besonders interessant ist die Schnittmenge von beiden, nämlich das Risiko einer Krise. Genau diesen Spezialfall behandelt der Essay von Gerhard Schulze.

Wissen verbessern

Irrtümer seien unvermeidlich, schon aufgrund der strukturellen Begrenztheit unseres Wissens. Irrtümer gehörten zum Alltag. Sie seien solange unproblematisch, wie wir uns der Konstruktion von Wissen und der damit verbundenen Unsicherheit bewusst blieben. Wissen sei Vermutungswissen. Bestätigungen hätten keine letztendliche Beweiskraft, Widerlegungen indes schon (Hier ist offenkundig von Poppers Falsifikationismus die Rede; zugleich darf aber Kuhns Paradigma des Beharrungsvermögens wissenschaftlicher Dogmen nicht fehlen!). Verbessern ließen sich unsere Wissenskonstruktionen durch Reflexion. Skeptische Neugier und erkenntniskritische Distanz seien hilfreich für mehr und besseres Wissen. Außerdem hilft, so Gerhard Schulze, sich darüber bewusst zu werden, wie groß oder auch klein der Schritt vom Tragischen zum Komischen ist.

Regelmäßig gehörten Empirisches und Normatives eng zusammen. Zugleich seien Kausalmodelle ebenso regelmäßig fehleranfällig und lückenhaft. Es komme aber noch dicker: „*Wenn es um Krisen geht, vermischt sich auch bei uns die psychohygienische Prägung von Kausalmodellen mit der Suche nach Wahrheit oder wenigstens Wahrscheinlichkeit und Nützlichkeit.*“ Und evolutionsbedingt seien wir auf das Schlimme programmiert. Deshalb sehen wir in einer Krise den Untergang gesamter Ordnungen und Systeme. Deshalb glauben viele Menschen, die Welt befände sich in einem schlechteren Zustand als zuvor, obwohl es niemals so vielen Menschen so gut gegangen ist. Bei Handlungen gehe es indes nicht um richtig oder falsch, sondern um zweckmäßig oder unzweckmäßig.

„*Die Krisendiskurse der Gegenwart nähren ein antimodernes Paradigma: Normalität 1 ist das Gesunde, Normalität 2 das Kranke und Kaputtmachende.*“ Gerhard Schulze rät, mit dem Paradox einer „*Normalität der Normalitätszerstörung*“ zu leben. Das gilt im übertragenen Sinn auch für Emotionen, die das Nachdenken über die

Qualität von Informationen einerseits erschweren und andererseits besonders notwendig sind. Bekanntlich haben Diskursteilnehmer die Tendenz nur solche Fakten zuzulassen, die zu ihrer Meinung passen, während sie widersprechende Fakten unterdrücken.

Krisen meistern

Die Moderne lässt sich als großes Aufbruchsprojekt begreifen, nicht zuletzt aus der Unmündigkeit des Menschen. Der Aufbruch ist mit immer neuen Risiken verbunden, aber auch mit neuen Ordnungen und Routinen. Krisen sind produktive Entwicklungen, sie werden immer wieder neu gemeistert. Paradoxerweise fühlen wir uns immer bedrohter, je sicherer das Leben wird. Das dürfte nicht zuletzt an der wachsenden Komplexität, den zunehmenden Wahlmöglichkeiten liegen, die eine offene Wirtschaft und Gesellschaft mit sich bringen. „*Crisis*“ bedeutet in der Antike noch wertneutral „*Entscheidung*“, in der Neuzeit wurde daraus der Höhe- oder Wendepunkt einer Krankheit.

Ein bedeutsamer Ratschlag, den gerade Deutsche beherzigen dürfen, lautet, an die Stelle des heute ritualisierten Konsenses organisierte Skepsis treten zu lassen. Zweifel sind derzeit verpönt, sollten indes selbstverständlich zum Diskurs gehören. Zustimmung ist ein Gebot der Höflichkeit, tatsächlich sollte Kritik selbstverständlich ein Bestandteil von Diskursen sein und nicht als persönlicher Angriff gewertet werden, der mit einem Gegenangriff beantwortet wird.

Lernen lernen

Lernen ohne Ende ist für mehr und qualitativ besseres Wissen unerlässlich, das gilt auch für unsere persönliche Weiterentwicklung. Entscheidend ist ein unseren Horizont überschreitendes Lernen; den Schlüssel dafür bildet eine systematische, bewertende Selbstbeobachtung. Zugleich sollten wir wissen und akzeptieren, dass wir nicht alles im Griff haben. Würden wir überhaupt substanziell Neues lernen, wenn das der Fall wäre? Ohnehin geht mehr Wissen vielfach mit mehr Ungewissheit einher. Die größten Ungewissheiten ergeben sich aus der permanenten Veränderung kultureller, politischer, ökonomischer und sozialer Sphären, die wiederum das Ergebnis von mehr Wissen sind und mehr Wissen hervorbringen.

Als Prüfverfahren gegen Gewissheiten in Krisendiskursen schlägt Gerhard Schulze vor: „*Die Analyse der Art und Weise, wie das Wissen überhaupt entstanden ist und wie belastbar es ist. Was immer als Gewissheit oder, bescheidener, als das gegenwärtig beste verfügbare Wissen ausgegeben wird, es ist eine Konstruktion. Also kann man fragen: Wurde solide gearbeitet oder geschlampt? Hält die Konstruktion stand, wenn man die Säure der Skepsis auf sie träufelt? Ist sie allen vergleichbaren Konstruktionen überlegen?*"

Es liegt nahe, dass Expertenurteile aus gut geführten Fachdiskussionen hervorgehen sollten, in denen Profis der Wissensproduktion Standards setzen. Das ist heute aber nicht oder viel zu selten der Fall. Sobald Beweglichkeit, Skepsis, Differenzierungsbereitschaft an die Stelle von Politisierung, Glaubenseifer und (falsche) Paradigmentreue treten, kann aus diesem frommen Wunsch Realität werden.

Addendum: zur liberalen Aufgabe unserer Zeit

Die Schriftenreihe der Vontobel Stiftung bietet bemerkenswerte Einsichten von Menschen, die etwas zu sagen haben – für Menschen, die ihren Horizont erweitern möchten.

„Österreicher", Libertäre, konsequente Liberale sollten manche der zuvor skizzierten Überlegungen berücksichtigen, um nicht einem naiven Liberalismus anheim zu fallen. Das gilt für eine empirisch unterlegte und dabei reflektierte Argumentation. Das gilt für eine belastbare Theorie der Normalität. Das gilt schließlich für Krisendiskussionen, die mehr als nur den Hinweis auf die Erkenntnisse der Klassiker bieten müssen, zumal seitdem einiges Wissen hinzugekommen ist; vor allem gilt es Lösungen oder Hinweise auf Alternativen zur praktizierten Politik aufzuzeigen, die angesichts der bestehenden Systemrealität nicht unterkomplex sein dürfen. Fundamentalkritik hilft nicht ohne fundamentale Antworten. Die Lage ist angesichts einer wachsenden Verbreitung (klassisch) liberaler Erkenntnisse günstig. Begreifbare Gegenentwürfe sind künftig viel stärker gefordert – auch als Abgrenzung zu Schein-Liberalen.

Offenkundig ist es wenig hilfreich, vielmehr kontraproduktiv, sich in der aktuellen Schuldenkrise einem Untergangsszenario hinzugeben. Der Untergang – was genau soll eigentlich untergehen? – wird absehbar ausbleiben. Hyperinflation im Stile Weimars oder Schuldengau im Stile der DDR drohen Deutschland und Europa derzeit nicht, Teuerungen und eine weiter zunehmende Geldentwertung indes schon. Auch ein neuer Totalitarismus steht nicht unmittelbar vor der Tür, wenn auch autoritäre Tendenzen unverkennbar sind und die Freiheit auf der schiefen, rutschigen Ebene des paternalistischen Interventionismus bekanntlich Stück für Stück geopfert wird. Umso wichtiger ist es, die konkreten Missstände des Euro-Zentrismus und die Alternative eines freiheitlichen Europa auf verständliche Weise aufzuzeigen. Es hilft nicht, sich im Besitz der Wahrheit zu glauben, zumal wenn diese religiöse Züge annimmt. Demut ist besser als Hochmut. Vielmehr sollte das Wissen anderer Denkrichtungen und Schulen sorgfältig geprüft und integriert werden. Das gilt etwa für den konkreten Verlauf von Krisen und praktizierte erfolgreiche Bewältigungen von Finanz- und Schuldenkrisen. Was haben Freiheitsfreunde zur Außenpolitik beizutragen? Welche freiheitlichen Alternativen zum überbordenden Wohlfahrtsstaat gibt es und wie lassen sie sich realisieren? Eine Privatrechtsgesellschaft, die nur den Vertrag an die Stelle von Zwang setzt, reicht nicht aus, es kommt auf die Qualität der Verträge an. Wer überzeugen will wird zudem nicht umhinkommen, Weg aus der Krise und den Nutzen einer anderen Normalität aufzuzeigen.

Krisenursache fehlgeleitete ökonomischen Dogmen

Robert Higgs erläutert im Independent Review gleichermaßen knapp und prägnant sechs grundlegende Irrtümer des herrschenden vulgär-keynesianischen Mainstreams und damit die anhaltende Krise:

Erstens, Aggregate: Das Denken in wenigen, künstlichen Aggregaten wie gesamte Produktion, gesamter Konsum, gesamte

Investitionen und gesamte Exporte verstellt den Blick auf die Realität der komplexen Beziehungen und Unterschiede innerhalb eines jeden Aggregats. Es gibt keine Wirtschaft, die eine einheitliche Masse produziert, sondern eine unüberschaubare Fülle unterschiedlicher Güter und Dienstleistungen. Entscheidend sind die außerordentlich komplexen Mikro-Beziehungen und damit menschliches Handeln, nicht mechanische Konstruktionen.

Zweitens, relative Preise: Vulgär-Keynesianer betrachten nur einen Preis, das sogenannte Preisniveau. Entscheidend sind aber die relativen Preise und ihre Änderungen. Wenn die aggregierte Nachfrage oder das aggregierte Angebot gestiegen ist, bleibt völlig außer Acht, warum und wie das geschehen ist – genauso wie die Frage, ob etwa zu viele Häuser und Wohnungen gebaut wurden. Infolgedessen bleibt Arbeit einfach das Aggregat Arbeit, und Kapital wird als gegebene fixe Größe angesehen.

Everybody knows that the only way to find out
who your true friends are is by noting
who stands by you when you are down and out.
Political principles work the same way.
If you are prepared to throw them out the window
when times are tough, then you never really held them
in the first place. Principles are intended especially to guide
our behavior in difficult circumstances. If they don't do so,
then our proclaimed principles stand revealed as having been
nothing but rhetoric in the worst sense of the word.

Robert Higgs

Drittens, Zinssatz: Für Vulgär-Keynesianer ist der Zinssatz lediglich ein Preis für Geld, also eine Art Leihgebühr. Leihen ist gut, mehr leihen ist besser, weil so mehr Arbeitsplätze entstehen. Deshalb sind möglichst niedrige Zinsen erstrebenswert. Tatsächlich sind Zinsen ein relativer Preis, nämlich der Preis eines Gutes, das jetzt verfügbar ist im Verhältnis zu seiner Verfügbarkeit in der Zukunft. Der Zinssatz beeinflusst entscheidend, ob aktuell konsumiert oder gespart wird. In einer freien Marktwirtschaft signalisieren sinkende Zinsen das Interesse der Marktteilnehmer, Konsum von der Gegenwart in die Zukunft zu verschieben (ihre Zeitpräferenz spielt dabei eine maßgebliche Rolle). Deshalb geht von künstlich gesenkten Zinsen durch die Zentralbank ein falsches Signal aus und infolgedessen kann es zu – vermeintlich – irrationalen Handlungen kommen („*animal spirits*").

Viertens, Kapital und seine Struktur: Vulgär-Keynesianer sehen Kapital als gegeben an. Kapital ist einfach verfügbar und seine fein gegliederte Struktur und Spezialisierung etwa auf Branchen sowie die unzählbaren Verflechtungen und Kapitalgüter, die aus Spar- und Investitionsentscheidungen der Vergangenheit hervorgegangen sind, bleiben unbekannt. Kapital ist Kapital, ob in neuen Telefonen oder hydroelektrischen Dämmen investiert. Daher bleibt ihnen auch die Österreichische Konjunkturtheorie unverständlich, die Fehlinvestitionen durch künstliche reduzierte Zinsen in den Mittelpunkt stellt, die wiederum Unternehmen (und Haushalte) zu Investitionen in langlebige Kapitalgüter verleitet, darunter Immobilien, obwohl die Marktteilnehmer das nicht wünschen. Boom und Bust sind die Folge. Nur eine Neustrukturierung des Kapitals mit vorübergehender Arbeitslosigkeit kann eine Rückkehr zu einer profitablen Wirtschaftsstruktur ermöglichen. Subventionen und billiges Geld erhalten lediglich unrentable Strukturen auf Kosten des Steuerzahlers.

Fünftens, Fehlinvestitionen und billiges Geld: Vulgär-Keynesianer übersehen Fehlinvestitionen und befürworten Staatsausgaben auch über die verfügbaren Staatseinnahmen hinaus durch Verschuldung. Sie plädieren für billiges Geld, das Staatsausgaben preiswerter macht und Marktteilnehmer zu Krediten und Konsum anregt. Konsum soll immer gut sein. Robert Higgs erinnert das an eine Zeile in einem Country Song: „*older whiskey, faster horses, younger women, more money.*" Inflation gilt zugleich als unproblematisch, Deflation ist hingegen ein Schreckgespenst.

Sechstens, Regime Uncertainty: Vulgär-Keynesianer empfehlen genauso wie politische Aktivisten, stets etwas zu tun. Wenn das nicht funktioniert, soll die Regierung etwas anderes tun. Die Folge ist eine „Verschlimmbesserung" der wirtschaftlichen Lage und zusätzlich das

Schüren von Unsicherheit über die Ordnung der Wirtschaft – das gilt insbesondere für die Behandlung von Eigentum und Verfügungsrechten. Auf die Eurokrise übertragen sind das die Unsicherheit über Steuererhöhungen, Regulierung – auch rückwirkend, Sonderabgaben oder Zwangsanleihen etc. für Bailouts, staatliche Investitionsspritzen, Notkredite und Maßnahmen zur Konjunkturankurbelung. Die Folge ist ein Rückgang der privaten Investitionsneigung, eine Störung des Wirtschaftsablaufs und die Verlängerung einer Rezession zu einer Depression.[14]

Ordnungspolitik statt zerstörerische Rettungspolitik[15]

Fast ein halbes Jahrzehnt Rettungspolitik liegt hinter uns. Im August 2007 stiegen die Zinsen für Interbankkredite sprunghaft an, der Ausverkauf an den Börsen erreichte einen ersten Höhepunkt und die EZB interveniert als erste Zentralbank am Interbankenmarkt. Seitdem hat die westliche Welt Konjunktur- und Rettungspakete für Banken und Regierungen in bisher unbekanntem Ausmaß erlebt. In Deutschland wurde per Abwrackprämie sogar die Automobilindustrie mit 5 Mrd. Euro subventioniert. *Rettungspolitik ist Günstlingspolitik.*

Die Zentralbanken haben ihre Unabhängigkeit verloren, sie finanzieren Regierungen durch den Kauf von Staatsanleihen, ermöglichen kriegsähnliche Verschuldung in Friedenszeiten durch Niedrigstzinsen und stellen unbegrenzt Liquidität zur Verfügung – zu viel billiges Geld ist eine zentrale Krisenursache. Längst lenken sie Kapitalströme. Die Börsen danken es mit inflationären Kursen – also

[14] Wer weiterlesen möchte: Die Funktionsweise und Störung der Marktwirtschaft habe ich in „Die Pervertierung der Marktwirtschaft“ als Buch und in dem Artikel „Die Störung des Preissystems hat die ‚Krise‘ verursacht“ im ordnungspolitischen Journal „Wirtschaftliche Freiheit“ erläutert.

[15] Erschienen in: AnlegerPlus. Das Magazin für Kapitalanleger 2013/5, S. 74.

Vermögenspreisinflation. Massive Geldentwertung und eine mit Solidaritätsfloskeln verbrämte Umverteilung via Reichendiskriminierung stehen vor der Tür.

Inzwischen gehören der Bruch von Verträgen (No bailout, keine Transferunion) und die Einmischung in nationale Angelegenheiten europäischer Staaten zur Tagesordnung. Um den Euro zu retten, wird die Umgestaltung Europas in eine zentralistische Schulden- und Transferunion als vermeintlich alternativloser Weg beschritten.

Sind überbordende Staatsschulden, verheerende (Jugend)Arbeitslosigkeit, sozialer Unfriede und autoritärer EU-Paternalismus alternativlos? Völlig in Vergessenheit geraten sind angesichts weitreichender Lenkungsbemühungen der Wirtschaft durch Regierungen und Zentralbanken zentrale ökonomische Grundsätze – trotz des Fiaskos neo-keynesianischer Rettungspolitik:

1. Bereinigungskrisen ermöglichen die erforderlichen strukturellen Anpassungen von Kapital und Arbeit an veränderte wirtschaftliche Rahmenbedingungen.
2. Die Marktwirtschaft bietet mit Verlust und Insolvenz den härtesten Sanktionsmechanismus. Staatsbankrott und Bankenabwicklung sind historisch bewährte Konsequenzen von Misswirtschaft.
3. Gute Wirtschaftspolitik unterscheidet sich von schlechter durch ihre langfristige Ausrichtung statt auf kurzfristige Scheinerfolge zu setzen. Zugleich ist sie allgemeingültig und dient nicht Sonderinteressen wie Banken oder der Automobilindustrie.

Gute Wirtschaftspolitik ist eng verwandt mit Ordnungspolitik. Die Gründerväter der sozialen Marktwirtschaft, allen voran Walter Eucken, haben die heute in Vergessenheit geratene Ordnungspolitik entwickelt. Ordnungspolitik beschränkt sich auf die Rahmenbedingungen des Wirtschaftens, also auf Regeln und Grundsätze unseres Zusammenlebens, und interveniert nicht in den Wirtschaftsprozess. So wird Freiheit geschützt und Haftung erst ermöglicht, Marktwirtschaft gestärkt und der Herrschaft des Rechts allgemeiner Regeln zur Geltung verholfen. Ordnungspolitik beschränkt sich auf die Verkehrsregeln, unterstützt so einen konfliktfreien, harmonischen Verkehrsfluss, mischt sich aber weder in den Bau der Fahrzeuge noch die Fahrziele oder -stile der Autofahrer ein.

Die ordnungspolitische Aufgabe unserer Zeit lautet: 1. ein funktionsfähiges Preissystem zulassen statt Manipulation von Preisen und Zinsen betreiben, 2. Geldwertstabilität gewährleisten statt inflationäre Umverteilungspolitik und Staatsfinanzierung verfolgen, 3. Privateigentum schützen statt privates Vermögen attackieren, 4. Haftung durchsetzen bei Banken, Staatsführungen und Eigentümern statt Verluste sozialisieren.

Nicht Staatswirtschaft, sondern wirtschaftliche Freiheit lautet die ordnungspolitische Aufgabe unserer Zeit. Die Rückkehr zu Recht, Marktwirtschaft und Wettbewerb ist die einzig richtige Politik. Die Rettungspolitik hingegen zerstört die Ordnung, die uns und unseren Nachfahren ein prosperierendes Leben ermöglicht.

Zurechtgerückt: Mythos und Realität in der Finanz- und Staatsschuldenkrise

Mythos: Der Turbokapitalismus – zu viel Marktwirtschaft und zu wenig Regulierung – ist an der Finanzkrise schuld.

Realität: Der Etatismus – zu viele Verstöße gegen Marktgesetze – hat eine Finanz- und Staatsschuldenkrise verursacht.

Seit dem Ausbruch der Finanzkrise im August 2007 werden überbordende Marktwirtschaft, Turbo-, Kasino- oder Raubtierkapitalismus als Ursache für die größte Wirtschaftskrise seit dem Zweiten Weltkrieg verantwortlich gemacht. Die moralische Verkommenheit der Banken und des globalisierten Finanzsystems soll

Schuld an der Krise sein, die ein halbes Jahrzehnt bekämpft wird, ohne dass ein Ende abzusehen ist.

Inzwischen lautet eine zentrale Aussage der Public Relations Kampagne: Die als notwendig und alternativlos deklarierte Rettungspolitik systemrelevanter Banken, des Euro-Systems, Europas insgesamt, habe zur außerordentlichen Verschuldung geführt. Nun werde es Zeit, die Reichen zur Verantwortung zu ziehen. Regulierung und Zähmung des Kapitalismus seien erforderlich, damit sich ein derartiges Marktversagen nicht wiederhole. Perspektivisch kommt ein einheitliches, zentralistisch geführtes Europa hinzu, das zu wirtschaftlicher Stärke und politischem Einfluss im Weltmaßstab führen soll.

Trotz einer Vielzahl hellsichtiger Analysten, Wissenschaftler und Kommentatoren überwiegt gerade im deutschen Sprachraum die zuvor skizzierte Meinung. Wirtschaftliche Freiheit gilt als Krisentreiber und Bedrohung. Zentrale Steuerung und gleiche Standards von Athen über Berlin bis Tallinn als Lösung. Realität und öffentliche Meinung passen indes partout nicht zusammen.

Die herausragenden Ursachen der Finanzkrise in den USA sind 1. eine falsche Geldpolitik, 2. eine verfehlte Regulierung und 3. eine Krisen schürende Sozialpolitik.

Erstens bringt Alfred Schüller es auf den Punkt, wenn er feststellt: *„Der Ursprung der Banken- und Finanzmarktkrise liegt in einer hektischen Geld- und Zinspolitik der amerikanischen Zentralbank im Dienste einer aktivistischen Konjunktur-, Beschäftigungs- und Sozialpolitik.“* So hat die US-Zentralbank Fed insbesondere mit ihrer Niedrigzinspolitik ab 2001 als Reaktion auf die Dotcom-Rezession einen künstlichen, durch die „Überproduktion“ von Geld rein geldpolitisch erzeugten Boom geschaffen. Das billige Geld der Niedrigzinsphase von 2001 bis 2003/2004 mit einer Absenkung des Zinses von 6,5% auf 1% verursachte einen Immobilien- und Hypothekenboom. Banken, Investmentgesellschaften und Ratingagenturen suchten das Risiko durch Diversifizierung und innovative Verbriefung zu streuen und zugleich bei niedrigen gesetzlichen Eigenkapitalanforderungen gute Geschäfte zu machen. Zugleich sorgte das vorgeschriebene „Fair Value Prinzip" anders als das deutsche Niederstwertprinzip für erhebliche Wertschwankungen in den Bilanzen.

Aber der Staat handelt fast immer nach anderen Maßstäben. Der einzige Grund, warum er sich in das Kreditgeschäft einschaltet, liegt darin, den Personen Darlehen zu verschaffen, die von privaten Geldgebern keinen Kredit bekommen würden. Das heißt nichts anderes, als daß die staatlichen Geldgeber mit dem Geld anderer Leute (dem der Steuerzahler nämlich) Risiken eingehen, die den privaten Geldgebern für eigenes Kapital zu hoch sind.

Henry Hazlitt

Als der Immobilienboom 2006 mit der Erhöhung der Zinsen durch die Fed seit 2004 ein jähes Ende fand und zunächst im Subprime-Markt die Schuldner zahlungsunfähig wurden, brach das Schneeballsystem zusammen. Die gigantischen staatlichen Hypothekenfinanzierer Fannie Mae und Freddie Mac, Versicherer wie AIG und Großbanken wie Bear Stearns und Lehmann Brothers gerieten in den Strudel der Bereinigungskrise, die mit Konjunkturpaketen und noch mehr billigem Geld verhindert wurde.

Diese Inflationspolitik der Fed hat das Preissystem – das Herzstück der Marktwirtschaft – gestört und infolgedessen den Strom der Güter und Leistungen fehl gelenkt. Gerade die Zinsen können ihre Koordinationsfunktion nicht ausreichend wahrnehmen. Über- und Fehlinvestitionen sind die Folge. Außer Rand und Band geratene Preise auf den Immobilien-, Rohstoff- und Aktienmärkten sind ein weiterer Beleg, sie spiegeln nicht mehr die reale Nachfrage wider. „*Vermögenspreisinflation*" lautetet das Stichwort. Während das Preisniveau in den offiziellen Statistiken relativ stabil bleibt, kommt es gleichzeitig zu beträchtlichen Preissteigerungen in einzelnen Sektoren der Volkswirtschaften. Inflation tritt im staatlichen Teilreservegeldsystem bei offizieller Preisniveaustabilität auf wie schon 1929.

Der Nobelpreisträger Friedrich August von Hayek wies auf die tiefere Ursache mit den Worten hin: „*Keine Behörde kann im Vorhinein feststellen, sondern nur der Markt kann entdecken, was die 'optimale Geldmenge' ist.*"

Zweitens hat Thomas Sowell verfehlte Regulierung leicht verständlich in „The Housing Boom and Bust" aufbereitet. Politiker in Washington hätten ein nationales Problem lösen wollen, dass es gar nicht gab – eine landesweite Knappheit bezahlbarer Häuser. Erst habe die Regulierung von Boden durch „*zoning laws, height restricitions, minimum lot size laws, historical preservation laws, building permit limits and farmland preservation laws*" künstlich Knappheit entstehen lassen und Preise für Land und Häuser in die Höhe getrieben. Dann sollte die Regulierung von Kapital, darunter laxe Standards für die Immobilienkreditvergabe, Subventionen, Staatsgarantien für Kredite, Quoten für die Kreditvergabe an Minderheiten und Zwangsmaßnahmen gegen Unternehmen zur Vergabe günstiger Kredite, Eigentum für jedermann (wieder) bezahlbar machen.

Darüber hinaus zählt der Finanzsektor zu den am stärksten regulierten Branchen in nahezu allen entwickelten Volkswirtschaften. Allein in Deutschland wurden zwischen 1990 und 2009 über 90 Rechtsakte geschaffen, vom Anlegerschutzverbesserungsgesetz über Risikobegrenzungsgesetz bis zur Wertpapierprospektgebührenverordnung. Wer heute mit vermeintlichem Regulierungsmangel und anarchischen Finanzmärkten argumentiert und deshalb eine Intensivierung der Regulierung fordert, hat entweder die bisher weit reichende Regulierung übersehen oder muss eingestehen, dass diese versagt hat. Beides trifft zu. In Europa gibt es zahlreiche riesige Behörden mit mehreren tausend Mitarbeitern, darunter die Europäische Zentralbank (EZB), die Bundesbank und die Bundesanstalt für Finanzdienstleistungsaufsicht (BaFin). Auch in den USA gibt es dutzende Behörden, die mit der Regulierung der Finanzmärkte beauftragt sind. Keine hat die Krise vorausgesehen.

Alle Befürworter noch weiterreichender staatlicher Aktivitäten stehen vor folgendem Problem: Die bisherige Regulierung auf den Finanzmärkten hat die natürlichen Schutzmaßnahmen der Marktwirtschaft ausgeschaltet. Dazu gehören steigende Zinsen und ein Stopp der Kreditvergabe. Zudem hat die Politik wiederholt signalisiert, dass sie mit scheinbar unerschöpflichen Ressourcen aus der Klemme helfen wird. Infolgedessen entstanden Anreize, Kredite in sehr Risiko reichen Situationen mit starken Hebeln zu vergeben. Sobald aus der Gewinn- und Verlust-Ordnung Markwirtschaft der Verlust herausgenommen wird, öffnen sich die Schleusen für gierige Spekulationen. In besonderem Maße haben die gigantischen staatlichen Hypothekenfinanzierer Fannie Mae und Freddie Mac das Glücksspiel mit dem Geld der Steuerzahler angefacht. Insgesamt fehlte den Regulatoren sowohl der Wille als auch die Fähigkeit, Wettbewerb und Wettbewerbsgrenzen im Finanzsektor aufzubauen. Die Basel-Regulierung ermöglichte seit 2002 für AAA-Ratings einen 60-zu-1-Hebel, d.h. man musste nur 1,60 US-Dollar seines eigenen Geldes für eine 100 US-Dollar Investition verwenden. Lediglich 2 Prozent Wertverlust des Investments können also bereits eine Insolvenz oder einen Bankrott nach sich ziehen. Außerdem wurde das Verhalten der Banken in der Krise gleichgeschaltet, was zu koordinierten Notverkäufen und verschärftem Preisverfall geführt hat. Nicht einmal das Risiko konnte adäquat gemessen werden, weil man sich auf bürokratische Ratings und Risikomodelle verließ, wie Nicholas Taleb in „The Black Swan“ aufgezeigt hat.

Drittens resultiert die Krisen schürende Sozialpolitik aus einer Vielzahl von Markteingriffen. Exemplarisch seien genannt: Der Community Reinvestment Act von 1977, der das von Finanzinstituten praktizierte Kreditvergabeverbot in sozial schwachen Gebieten verbot, die ein hohes Kreditausfallrisiko bargen. Seine Verschärfung 1995 hat die Fusion von Banken beschränkt, die sich nicht an die sozialpolitischen Vorgaben für Kredite an wenig kreditwürdige Konsumenten hielten. Abgesehen von der Schwächung der Banken und des Bankensystems sorgte dies für eine deutliche Zunahme risikoreicher Kredite, die als CRA-konform gepriesen wurden.

Das US-Bundesbauministerium (FHA) hat kontinuierlich die Anzahlungsbedingungen für Hypothekenkredite gesenkt. Im populärsten Programm betrugen sie 2004 nur noch 3 Prozent. Private Anbieter mussten nachziehen, um wettbewerbsfähig zu bleiben. Hypotheken mit geringen Anzahlungen verzeichneten besonders hohe Ausfälle.

Die Bundeswohnungs- und Baubehörde (HUD) hat Druck auf Kreditgeber ausgeübt, damit diese preiswerte Kredite vergeben. HUD ging seit 1999 rechtlich gegen Unternehmen vor, die für risikoreiche Kredite an Minderheiten höhere Zinsen als Risikoausgleich verlangten. Eine Folge dieser Intervention war das Absenken der Kreditvergabestandards durch private Finanzinstitute.

Schließlich haben implizite, aber offenkundige Steuergeldgarantien die dramatische Expansion der Hypothekenkonzerne Freddie Mae und Fannie Mac ermöglicht, die von der Regierung ohnehin mit zahlreichen Privilegien ausgestattet waren. Kongress und HUD drängten die beiden Staatstrusts zur Vergabe günstiger Kredite. Private Investoren gingen immer höhere Risiken ein, weil sie wussten, dass das Finanzministerium im Falle einer Insolvenz der Hypothekengiganten einspringen würde. Der Kongress weigerte sich bezeichnenderweise das Moral Hazard Problem anzugehen, um das Hypothekenwachstum nicht zu begrenzen.

Europäischer Etatismus

„Es bleibt der Hang, vor jedem auftauchenden Problem in die behördliche Regelung zu flüchten – in Europa in der besonders absurden Form, für ein auf nationaler Stufe sich als unlösbar erweisendes Problem die Lösung auf internationaler Stufe von supranationalen Behörden zu erwarten – und hinter der Fassade der Marktwirtschaft die Entwicklung zur bürokratischen Erstarrung und zur Allmacht des Staates bewusst oder unbewusst weiter

voranzutreiben." urteilte der große Europäer Wilhelm Röpke in seinem vielleicht bekanntesten Buch „Jenseits von Angebot und Nachfrage" (1958). Die Wohlfahrtsstaatpolitik bildet die tiefere Ursache der Euro-Krise.

Inzwischen hat sich herausgestellt, dass die viel geschmähten Kritiker und Europa-Realisten Recht behalten haben. Der Euro war kein ökonomisches, sondern ein fehlgeleitetes politisches Projekt. Lord Dahrendorf urteilte 1995: „*Die Währungsunion ist ein großer Irrtum, ein abenteuerliches, waghalsiges und verfehltes Ziel, das Europa nicht eint, sondern spaltet.*" Bereits zwei Jahre hatte eine Vielzahl deutscher Ökonomen öffentlich Einwände gegen die Europäische Währungsunion erhoben und vor einer überhasteten Einführung einer Währungsunion gewarnt, die statt Einheit zu verwirklichen, Konflikte hervorrufen werde.

Die Spaltung Europas ist Realität geworden. Überschuldeten und nicht wettbewerbsfähigen Staaten wird sowohl die Möglichkeit des Staatsbankrotts als auch des Austritts aus dem Euro verwehrt – mit entsprechend verheerenden sozialen Folgen. Grund ist, dass ein Scheitern des Euro-Einheitsprojekts eine Kettenreaktion auslösen dürfte, die einem Zerfall des Euro-Raums gleichkommt. Das würde zwar eine Gesundung der Wirtschaft über eine Abwertung respektive Inflationierung der nationalen Währung ermöglichen, um die realen Kosten insbesondere der überhöhten Löhne zu senken, aber den Zentralisationsplänen für Europa zuwiderlaufen. Zugleich würde nicht nur die Schuldenunion aufgelöst werden, sondern auch die Möglichkeit verwehrt werden, über die EZB Staatsfinanzierung zu betreiben. Mit dem Euro können Regierungen, die mehr ausgeben wollen, als ihnen an Steuereinnahmen zu Verfügung steht, Staatsanleihen drucken. Das Bankensystem kann die Staatsanleihen kaufen und als Sicherheit für Kredite bei der EZB oder dem nationalen Ableger hinterlegen, wie Philipp Bagus in „Die Euro-Tragödie" aufzeigt.

Als die Staaten mit dem Eintritt in das Euro-System Kredite zu viel niedrigeren Zinsen als zuvor erhielten, haben sie das Kapital konsumiert, statt sich wettbewerbsfähig zu machen. Und damit wird der eigentliche Grund der Euro-Krise sichtbar: die überbordende Staatsverschuldung. Sie ist ein systemimmanentes Merkmal des Wohlfahrtsstaates, der einen Weg in die Sackgasse darstellt, in der Europa nun angekommen ist. In Deutschland sind die Ausgaben der Gebietskörperschaften von 1970: 45,9 Mrd. Euro auf 2010: 322,3 Mrd. Euro gestiegen. Die Staatsausgabenquote lag 2012 bei 45%. Die Verschuldung der öffentlichen Haushalte hat sich von 1950: 10,5 Mrd. Euro auf 2010: 1.731,5 Mrd. Euro mehr als verhundertfacht. Die indexierte Entwicklung der Sozialausgaben ist von 1970 = 100 auf 2012 = 1.100 Punkte gestiegen. In den letzten zwanzig Jahren haben sich die Staatsschulden auf 2 Billionen Euro verdoppelt. Zugleich hat die Steuerquote mit 23,4 % einen historischen Höchststand erreicht. Ein Durchschnittsverdiener liefert heute rund die Hälfte seines Bruttolohns beim Staat (und den Sozialversicherungen) ab. Offenkundig sind Staatseinnahmen und Staatsausgaben stärker expandiert als das BIP. Die ungedeckten Leistungsversprechen (implizite Staatsverschuldung) sind darin nicht einmal enthalten.

In kaum einem Euro-Land sieht es besser aus. Zu Beginn der Euro-Währungsunion betrug die Schuldenquote 70%, Ende 2011 waren es bereits 87%. Außer Finnland verletzen alle Länder der Währungsunion den Vertrag von Maastricht. Zugleich haben Reformstaaten wie Australien, Kanada, Neuseeland, Schweden die Krise besser gemeistert.

Fazit

Mit Gier die Krise erklären zu wollen, gleicht dem Versuch, die Ursache einer von einem Hochhaus gestoßenen Person in der Schwerkraft zu sehen, konstatierte Don Boudreaux.

Insbesondere große Finanzinstitute sind keine Anwälte von Freiheit und Wettbewerb. Sie profitieren von ihrem Teilreserveprivileg und der Aussicht auf die Sozialisierung ihrer Verluste. Zudem spielen sie mit dem Geld anderer Leute. Indes haben nicht sie, sondern der Staat die Spielregeln festgelegt und den entscheidenden Marktmechanismus ausgeschaltet. Selbst wenn sie dabei Einfluss genommen haben, *Big Business und Big Government sind kein Kapitalismus, sondern Vetternwirtschaft.*

Wer von Turbokapitalismus redet, der sollte vom Neosozialismus nicht schweigen. Angesichts der Ausmaße des Staatseigentums in Europa, der Staatsquoten, dem Ausmaß von Steuern und Abgaben sowie der Verschuldung sowie der Regulierung jedes alltäglichen Lebensbereichs, ist es unredlich die freie Koordination der Menschen auf Märkten für die Krisen verantwortlich zu machen.

Leidtragende des nimmersatten Staates sind mittelständische und kleine Unternehmen, Konsumenten, Steuerzahler und Verbraucher sowie unsere Kinder. „*Die Vorstellung, staatliche Einmischungen seien eine 'Lösung' für wirtschaftliche Probleme, bewirkt in jedem Land Zustände, die zumindest äußerst unbefriedigend und oft geradezu chaotisch sind. Wenn der Staat nicht rechtzeitig damit aufhört, führen solche Eingriffe unvermeidlich zum Sozialismus.*“ konstatierte Ludwig von Mises 1959. Worauf es heute mehr denn je ankommt, ist:

1. ein funktionsfähiges Preissystem zulassen,
2. Geldwertstabilität gewährleisten,
3. Privateigentum schützen,
4. Haftung durchsetzen bei Banken, Staatsführungen und Eigentümern.

Wirtschaftliche Freiheit ist die Grundlage der Freiheit schlechthin.

Aufstand des Wissens und Gewissens klarsichtiger Ökonomen

Der öffentliche Protest von 172 Wirtschaftsprofessoren aus deutschsprachigen Ländern am 5. Juli 2012 gegen die Beschlüsse des jüngsten Eurogipfels ist ein Warnzeichen. Zwar wird noch darum gestritten, was eigentlich beschlossen wurde, im Grunde geht es jedoch nur noch um Sprachregelungen. Schließlich ist vernunftbegabten Beobachtern klar, dass die Weichen in Richtung Bankenunion und Vergemeinschaftung von Haftung und Schulden gestellt wurden. Allein der Aufbau einer dafür vorgesehenen zentralen Bankenaufsicht, die mehr als ein halbes Jahr benötigen wird, bringt ein wenig Aufschub mit sich.

Ihren allgemeinverständlichen Aufruf haben die Euro-Realisten folgerichtig an die Bevölkerung gerichtet; er endet mit dem Appell, die zuvor von ihnen geäußerten Sorgen den Abgeordneten im jeweiligen Wahlkreis vorzutragen. Die Wirtschaftswissenschaftler betrachten den auf dem Gipfel beschlossenen „*Schritt in die Bankenunion, die eine kollektive Haftung für die Schulden der Banken des Eurosystems bedeutet, mit großer Sorge.*“ Das gilt umso mehr als die Bankschulden fast das Dreifache der Staatsschulden betragen. Die Wirtschaftsprofessoren plädieren dafür, statt Steuerzahlern, Sparern und Rentnern, nun die Gläubiger das Risiko tragen zu lassen. Sie weisen darauf hin, dass eine gemeinsame Bankenaufsicht weder eine beabsichtigte Begrenzung der Haftungssummen noch Missbrauch verhindern kann.

Die Argumentation der Ökonomen fußt auf den erkannten systematischen Defiziten der bisher praktizierten „Rettungspolitik“: Die Krisenursachen – zu hohe Verschuldung, zu viel billiges Geld, Regulierungsversagen – werden vermehrt. Ohne Frage, die Schuldenkrise der Staaten und Banken besitzt ein existentielles Ausmaß. Deshalb propagiert die Politik eine Alternativlosigkeit von EU-Zentralismus und Euro-System. Aber sind die kontinuierlichen

Verstöße gegen die Prinzipien der Marktwirtschaft, die Belohnung verfehlter Wirtschafts- und Unternehmenspolitik, die Fehlleitung von Kapital und eine überbordende Belastung Deutschlands alternativlos? Die Euro-Realisten sind anderer Ansicht. Sie wissen, was den Deutschen allen neuerlichen Beteuerungen zum Trotz bevorsteht. Einen Bailout für Griechenland sollte es ursprünglich nicht geben, auch kein europäisches Rettungspaket und keine Schuldenunion, selbstverständlich keine Finanzhilfen ohne strikte Ausgabensenkungen für Griechenland und Spanien. Zuvor sollte die Einhaltung der Maastricht-Kriterien einen stabilen Euro garantieren.

Bereits im Juni 1992 wandten sich über 60 deutsche Ökonomieprofessoren anlässlich der Unterzeichnung des Maastricht-Vertrags in einem Manifest gegen die Europäische Währungsunion: *„Die überhastete Einführung einer Europäischen Währungsunion wird Westeuropa starken ökonomischen Spannungen aussetzen, die in absehbarer Zeit zu einer politischen Zerreißprobe führen können und damit das Integrationsziel gefährden.*" 1998 protestierten sogar mehr als 160 von ihnen.

Wussten Sie, dass Deutschland seit der Wiedervereinigung bis 2008 für 45,1 Prozent aller Wohlfahrtstransfers in die Volkswirtschaften der Nettoempfänger aufgekommen ist? Wussten Sie, dass die sogenannten PIGS-Staaten von 1976 bis 2008 bereits 430,5 Mrd. Euro als Nettoleistungen erhalten haben und der deutsche Steuerzahler von der Wiedervereinigung bis 2008 mit 130,0 Mrd. Euro für 51,6 Prozent der EU-Nettoleistungen aufgekommen ist? Franz-Ulrich Willeke hat das in „Deutschland, Zahlmeister der EU" herausgearbeitet. Nun soll Deutschland mit einer offiziellen Schuldenquote von über 80 Prozent und einer staatlichen Gesamtverschuldung von 5,7 Billionen Euro (Nachhaltigkeitslücke eingeschlossen) systemrelevante Banken und Staaten maßgeblich finanzieren.

Gute Wirtschaftspolitik unterscheidet sich von schlechter durch zwei Merkmale: sie ist langfristig ausgerichtet und begünstigt nicht einzelne Gruppen. Die beschlossene Bankenunion erfüllt diese Kriterien nicht.

Überschuldung ist nicht durch Umverteilung lösbar, die systemischen Risiken der Banken im Euro verschwinden nicht durch Heben auf eine übergeordnete Ebene. Eine Regulierung auf europäischer Ebene kann der Regulierung freier Märkte nicht das Wasser reichen. Zugleich liegt ein mit Marktwirtschaft und Recht vereinbares Konzept für eine Abwicklung des Bankensystems vor (Tofall-Schäffler-Konzept).

Politik ist geprägt durch Irrationalität – das ist nicht polemisch gemeint, sondern akademisch gut begründet. Ein wesentlicher Grund liegt in der Irrationalität der Wähler, die Politiker ermuntern, den Pfad der Überschuldung zu beschreiten. Schon bald wird die Rechnung präsentiert in Form weiterer Schulden, höherer Steuern und Zwangsabgaben. Aus dieser Irrationalität gibt es nur einen Ausweg: Auf einen Meinungswechsel hinwirken und den Politikern diesen leicht machen. Die 172 Ökonomen durchbrechen diese Irrationalität für einen Moment, indem sie Bürger und Politiker zur Umkehr aufrufen. Ihr Appell ist nicht mehr als ein Zeichen – Ausdruck eines Aufstands des Wissens und Gewissens.

Nullprozent: EZB auf Titanic-Kurs[16]

In der Geldpolitik, wie in der Politik überhaupt, besteht der entscheidende Unterschied in dem, was man sieht und dem, was man nicht sieht.

Die Europäische Zentralbank hat wieder einmal den Leitzins gesenkt. Mit 0,25% sind Geldaufnahme und Geldanlage der Geschäftsbanken bei der Zentralbank nun fast zinslos möglich. Die EZB signalisiert dem Geldmarkt: Geld ist genug da, ihr Banken müsst es Euch nur holen. Mario Draghi nannte in seiner Presseerklärung am

[16] Erschienen in Junge Freiheit, 47/13 vom 15.11.2013, S. 2 unter dem Titel: Kurs auf den Eisberg. Europäische Zentralbank: Die gefährliche Nullzinspolitik kann den Euro nicht retten.

7. November 2013 zwei Ziele, die mit diesem historischen Schritt verbunden sind: Die EZB beabsichtigt die Inflationsrate und das Wirtschaftswachstum zu steigern. Hintergrund: Die Inflationsrate liegt seit Februar 2013 unter der 2%-Marke, die als sogenannte Preisniveaustabilität gilt. Die Wirtschaft des Euro-Raums ist seit Jahresbeginn 2012 sechs Quartale lang geschrumpft und nun um marginale 0,3% gewachsen. Schließlich ließ die EZB durchblicken, dass sie mit einer langen Phase niedriger Inflation rechnet und dementsprechend dauerhaft billiges Geld auch zu 0% anbieten wird.

Weitgehend unsichtbar bleiben die komplexen Auswirkungen auf Konjunktur, Koordination der Wirtschaftsaktivitäten und Wohlstand.

1. Bei 2% sogenannter Preisniveaustabilität, präziser jährlicher Teuerung der Konsumgüter des zugrundeliegenden Warenkorbs, halbiert sich die Kaufkraft des Geldes alle 35 Jahre. Das entspricht in etwa der Lebensarbeitszeit von Akademikern.

2. Diese heimliche Enteignung ist unter dem Begriff finanzielle Repression zu einem tagesaktuellen Problem geworden. Sparer erleiden einen schleichenden Verlust, wenn sie zwar einen kleinen Zinsgewinn erhalten, aber einen größeren Kaufkraftverlust erleiden. Immerhin liegt die Rendite für Staatsanleihen mit zehnjähriger Laufzeit in Deutschland mit knapp unter 2% aktuell über der Inflationsrate.

3. Während das statistische Preisniveau in den offiziellen Statistiken relativ stabil bleibt, steigen die Preise in verschiedenen Marktsegmenten monetär bedingt erheblich, darunter Aktien, Rohstoffe, Nahrungsmittel und Immobilien. Die Bundesbank warnte jüngst vor Blasen am Immobilienmarkt in Deutschland. Zugleich sind Preisniveau und stabile Preise lediglich Konstruktionen, die eine zentrale Verwaltung erleichtern sollen.

4. Weltweit wandernde Blasen lassen sich seit 1985 in Japan beobachten. Durch geldpolitische Rettungsaktionen verursacht

lösen sie bis heute immer neue geldpolitische Rettungsaktionen aus. Zu bisherigen Verwerfungen in der Weltwirtschaft gehören die japanische und asiatische Finanzkrise, die geplatzte Dotcom-Blase, die amerikanische Hypothekenmarkt-Blase und -krise, die Eurokrise und die Staatsanleihenkrise als „Mutter aller Blasen“. Fortsetzung folgt.

5. Niedrigzinsen ermöglichen überschuldeten Ländern eine zu preiswerte Kreditaufnahme. Berechnungen der Initiative Neue Soziale Marktwirtschaft zufolge fehlten im aktuellen Bundeshaushalt, der rund 300 Milliarden Euro umfasst, 75 Milliarden Euro, wenn das Zinsniveau früheren, adäquateren Werte entspräche. Offenkundig schwindet der Druck, Strukturreformen durchzuführen; der Anreiz sich zu verschulden bleibt. Finanzminister Schäuble hat bereits signalisiert, keine Schulden zurückzuzahlen.

Die Folgen der Politik des billigen Geldes sind noch grundsätzlicher. Die Nullzinspolitik stört das Preissystem – das Herzstück der Marktwirtschaft. Infolgedessen wird der Strom der Güter und Leistungen fehl gelenkt. Gerade Zinsen können ihre Koordinationsfunktion nicht wahrnehmen und sie beeinflussen, ob konsumiert oder gespart wird. Konsum soll gut sein, mehr Konsum besser, ist zu hören, als könnten wir uns aus der Krise shoppen. Lediglich ein künstlicher Boom oder aber kümmerliches Wachstum ist tatsächlich die Folge. Erst die erforderliche Restrukturierung von Kapital und Arbeitsplätzen ermöglicht wieder qualitativ wertvolles Wachstum.

Wie und warum sollen Unternehmen bessere Produkte erstellen können oder effizienter arbeiten, wenn es bedingungslos mehr Geld gibt? Wie und warum sollen Arbeitnehmer zugleich produktiver und innovativer arbeiten? Es kommt nicht auf mehr Geld, sondern die richtige Geldmenge an. Und die Informationen über die passende Geldmenge sind für eine zentrale Behörde naturgemäß schwerer zu beschaffen als in einer dezentralen Ordnung.

Das Euro-System kann mit einer Nullzinspolitik nicht gerettet werden. Eine angemessene Zinsdifferenz zwischen Peripherie- und Kernstaaten liegt bei bis zu 5%. Eine Geldpolitik für alle folgt der Fiktion eines Europas für alle, das es nicht gibt.[17]

Gerade in der heutigen Situation besteht eine große Gefahr, dass eine nicht automatisch konstruierte Währungsverfassung zur Inflation mißbraucht wird. Die Versuchung ist nämlich übergroß, Disproportionalitäten, die im Produktionsprozeß ... entstehen, vorübergehend durch inflatorische Maßnahmen - Kreditexpansion, Abwertung, Politik des niedrigen Zinses und dergleichen zu überdecken. Eine solche Geldpolitik verfährt wie ein Baumeister, der anstatt dem Gebäude ein solides Fundament zu geben, seine Aufmerksamkeit in erster Linie auf das Dach konzentriert.

Walter Eucken

Der Machbarkeitsglaube der Notenbanken ist gefährlich und teilt Menschen in Gewinner und Verlierer. Die EZB privilegiert Großbanken, Großunternehmen und unverantwortliche Schuldenmacher. Sie benachteiligt sparsame Bürger und deren Bemühungen Alterserspamisse anzusammeln. Zentralbanken gleichen einem Roulettekessel im Spielkasino. Im Vergleich dazu soll Bankenwettbewerb (Geldfreiheit) gefährlich sein? Milton Friedman urteilte: *„Jedes System, das so viel Macht und so viele Entscheidungen in die Hände weniger Männer legt, dass Fehler – entschuldbar oder nicht – solche weit reichenden Folgen haben können, ist ein schlechtes System. ... Das ist das Schlüsselargument gegen eine ‚unabhängige' Zentralbank.*" Nullzinspolitik gleicht einem Eisberg – das was man sieht glänzt, das was man nicht sieht, ist größer und gefährlich.

[17] Lesenswert: Dominik Geppert: Ein Europa, das es nicht gibt, Berlin 2013.

„Energiewende ins Nichts"

Das Berechnen volkswirtschaftlicher Optionen, die politischen Vorgaben folgen, hat einen Vorteil und birgt einen Nachteil. Der Vorteil liegt darin, die Implikationen politischer Entscheidungen aufzuzeigen. Idealerweise geschieht das, bevor eine politische Entscheidung getroffen wird. Das gilt umso mehr, wenn sie von einer derartig weitreichenden Bedeutung ist wie die sogenannte „Energiewende". Der Nachteil ist die Kehrseite des Vorteils und liegt darin, dass Berechnungen nur für die gesetzten Annahmen gelten und alternative Sichtweisen neue Berechnungen erforderlich machen. Wer möchte kann darin einen Fingerzeig auf die Bedeutung von Empirie respektive Mathematik und verbaler Ökonomie, insbesondere Ordnungsökonomik sehen.

Hans-Werner Sinn hat in seinem Vortrag „Energiewende ins Nichts" am 16.12.2013 in der Ludwig-Maximilians-Universität-München einige wegweisende Berechnungen zu den Kosten der Energiewende präsentiert. Der frühere Bundesumweltminister Trittin erklärte während seiner Amtszeit noch, die Verbraucher müssten für alternative Energien monatlich nicht mehr als eine Kugel Eis bezahlen. Umweltbundesministers Altmaier prognostizierte indes im Mai 2013 für die Energiewende Kosten von 1.000 Milliarden Euro bis Ende der 2030er Jahre. Diese Dimension – mittlerweile nämlich eine Kugel Eis pro Stunde – hat der Chef des ifo-Instituts in seinem Vortrag erhärtet. So hätten sich die Kosten für die EEG-Umlage binnen zehn Jahren bereits verfünfzehnfacht. Allein zugesagte Subventionen für Solaranlagen bis 2010 würden mehr als 100 Milliarden Euro betragen. Inzwischen lägen die Haushaltsstrompreise Deutschlands im Vergleich zu Frankreich doppelt so hoch. Und Energiepreise spielten bei Investitionsentscheidungen als Standortfaktor im nationalen Wettbewerb eine bedeutende Rolle. So hat der Chemiekonzern Wacker Chemie Medienberichten zufolge aufgrund der niedrigen Energiepreise in den USA, die insgesamt weniger kosten als in Deutschland, allein die Abgaben auf den Strompreis, Investitionen in

Höhe von 1,1 Milliarden Euro, jenseits des Atlantik getätigt und 650 Arbeitsplätze in einem neuen Werk geschaffen.

Die Kosten der Energiewende, die mit dem geplanten Ausstieg aus Kohle- und Kernkraftwerken inzwischen zu einer doppelten Energiewende geworden ist, sind gigantisch. Ein Beispiel: Für die Glättung der Energieerzeugung von Windstrom werden, so Hans-Werner Sinn, zusätzlich zu den 35 bestehenden deutschen Speicherkraftwerken mehr als 6.000 neue benötigt. Trocken bemerkte der international renommierte Ökonom: *„Das wird nicht gelingen.“* Selbst bei einem Verzicht auf gewonnenen Strom würden immer noch 456 Speicherkraftwerke benötigt – Kosten: 100 Milliarden Euro. Die entsprechende Energieleistung ließe sich durch 2 Kernkraftwerke erzeugen – Kosten 6 Milliarden Euro. Für Wind- und Sonnenenergie zusammen genügten nur 3.500 Speicherkraftwerke, um eine geglättete Leistung zu erzielen und „nur“ 437 Kraftwerke für eine auf Viersiebtel reduzierte Nutzung der Produktion von dann nur 4 Gigawatt – Kosten: knapp 100 Mrd. Euro. Der Präsident des ifo-Instituts folgerte: *„Ein utopisches Vorhaben“*. Insgesamt betrachtet, handele es sich offenkundig um eine Energiewende ins Nichts.

Am Rande sei auf eine einführende Bemerkung Sinns hingewiesen. Um ein maßgebliches Ziel des Erneuerbare-Energien-Gesetzes (EEG) zu erreichen, nämlich den CO_2-Ausstoß zu reduzieren, seien alle deutschen Investitionen wirkungslos, da die europäischen Emissionszertifikate derzeit nicht reduziert werden. Jede in Deutschland eingesparte Tonne CO_2 werde daher in anderen EU-Ländern emittiert.

Ordnungsökonomisch bemerkenswert ist der Vortrag von Hans-Werner Sinn, weil er die ungeheuren Kosten aufzeigt, die mit der politischen Entscheidung verbunden ist, den Anteil erneuerbarer Energien zu erhöhen. Naturgemäß lässt sich darüber streiten, inwieweit die differenzierten Berechnungen ein treffendes Bild zeigen. Kontrovers beurteilt werden auch Sinns Prämissen zum menschengemachten Klimawandel und seine Präferenz für Atomenergie. Darum soll es an dieser Stelle indes nicht gehen. Bedeutsam ist sein erhellender Beitrag, politische Wünsche aus dem Bereich der Semantik herauszuholen und quantitativ nachvollziehbar zu verdeutlichen. Dazu passt ein Hinweis auf die kruden Mechanismen des EEG, die zeigen, wie das Gegenteil von Marktwirtschaft funktioniert: Je mehr Strom aus alternativer Energiegewinnung in die Stromnetze eingespeist wird, desto tiefer sinkt der Preis an den Strombörsen, desto mehr – nicht weniger – müssen die Steuerzahlen bezahlen. Noch einmal: Die Absatzmenge steigt, der Preis sinkt, der Steuerzahler muss aber mehr bezahlen – weil die Differenz zwischen Börsenstrompreis und staatlich garantierter Einspeisevergütung erstattet werden muss. Schon heute kann jeder Verbraucher die Folgen spüren. Und das ist offenkundig erst der Anfang.

Außenpolitik für Recht und Freiheit durch Recht und Freiheit[18]

Der frühere amerikanische Vizegeneralstabschef James Cartwright urteilte treffend: "*Wenn man versucht, durch Töten zu Lösungen zu kommen ..., wird man Menschen gegen sich aufbringen.*" Ausgerechnet ein Soldat, so mögen Kritiker bemängeln, bringt die zeitlose Lehre auf den Punkt, die Klassisch-Liberale unter dem Stichwort Nichtaggressionsprinzip zur Grundlage des Zusammenlebens von Menschen machen: Jede Aggression, jeder Einsatz von Gewalt verletzt die Freiheit anderer. Jeder Mensch ist Eigentümer seines Körpers und des von ihm geschaffenen Wohlstandes. Jeder Eingriff in sein Eigentum und jede Bedrohung verletzt seine Freiheit.

Verletzungen können zwar heilen, hinterlassen aber Narben. Manche Menschen erdulden ihr Schicksal, andere wehren sich – zuweilen mit allen ihnen zur Verfügung stehenden Mitteln bis hin zum Einsatz ihres Lebens im Namen einer (vermeintlich) höheren Sache.

[18] Erschienen beim Liberalen Institut (Schweiz) als LI-Paper im Februar 2014.

Das haben auch die amerikanischen Regierungen, Streitkräfte und Bürger in den vergangenen zwei Dekaden im Mittleren Osten erfahren. Seit dem Überfall Sadam Husseins auf Kuwait herrscht dort ein heißer, zuweilen kalter Krieg, in dem die US-Streitkräfte tausende Soldaten verloren haben, während in New York beim Terroranschlag am 9. September 2001 tausende Bürger starben. Vom Hindukusch über den Persischen Golf und das Horn von Afrika mit Somalia, weiter über Libyen bis zur westlichen Sahelzone reicht das Kriegsgebiet. Längst sind auch deutsche Soldaten im Einsatz. Derweilen meldete die Deutsche Presseagentur Ende Oktober, dass die USA ihre Drohnenangriffe im Grenzgebiet zu Afghanistan trotzt der Proteste des pakistanischen Premierministers fortgesetzt hätten. Drei mutmaßliche Extremisten sollen getötet worden sein. Seit 2008 sollen nach Angaben der pakistanischen Regierung 67 Zivilisten unter den mehr als 2.000 bei Drohnenangriffen getöteten Menschen sein. Kann auf diese Weise mehr Sicherheit erreicht werden?

Der frühere amerikanische Botschafter Chas W. Freeman und frühere Präsident des Middle East Policy Council bilanzierte: *„Nach 11 Jahren Kampf geht uns allen die Geduld und so ziemlich das Geld aus.“* Die USA hätten bis Ende 2012 rund 275 Milliarden Dollar ausgegeben, 2.000 Amerikaner seien in Afghanistan gestorben, 16.000 schwer verwundet worden. Insgesamt werde der afghanische Krieg rund 1,5 Billionen Dollar kosten oder 50.000 Dollar pro Kopf und das in einem Land, in dem das pro Kopf Einkommen rund 1.000 Dollar beträgt.

Der klassisch-liberale Staat dient dem Frieden

Grund genug sich auf das zu besinnen, was einen klassisch liberalen Staat ausmacht, nämlich den Schutz von Recht und Freiheit sowie seine Begrenzung durch Recht und Freiheit. Regierungen haben Recht und Freiheit zu schützen und sie sind Recht und Freiheit untergeordnet. Das ist der Minimalkonsens, auf den sich Menschen weltweit verständigen können. Der Schutz von Leib, Leben und Eigentum ist der Daseinszweck des Staates und seine Berechtigung Zwang auszuüben.

Nur deshalb darf der Staat Zwang einschließlich Gewalt ausüben, eben um diese Werte und Prinzipien zu verteidigen – sie machen unsere Existenzgrundlage aus. Zugleich sind Regierungen und der Staat Recht und Freiheit untergeordnet; sie müssen sich angesichts der ihnen übertragenen weitreichenden Befugnis penibel daran halten, sie sind an das Recht der Freiheit gebunden. Zugleich zeigt die zeitlose klassisch-liberale Erkenntnis, dass es keinen Unterschied zwischen Innen- und Außenpolitik gibt. Klassisch-liberale Prinzipien sind universell gültig.

Frieden ist der wichtigste Zustand im Zusammenleben von Menschen. Diese heute banal klingende Feststellung ist von außerordentlicher Tragweite. Denn Frieden schaffen – noch dazu ohne Waffen – stellt eine große Herausforderung dar. Gewalt gilt es gerade außen- und sicherheitspolitisch mit erheblich verbesserten und intensivierten Anstrengungen als bisher zu vermeiden. Dazu bedarf es Prinzipien.

Krieg dehnt Staatseinfluss aus

Zuvor sei noch auf einen vielfach vernachlässigten praktischen Grund hingewiesen, den Liberale beherzigen. Krieg war in der Geschichte stets ein Mittel, um den Einfluss des Staates auszudehnen. Das geschah regelmäßig zu Lasten der Freiheit und Gleichheit der Bürger, und zwar nicht nur im außenpolitischen Verhältnis, sondern auch innenpolitisch. Evan Eland hat hierfür die Formel „From *Warfare State to Welfare State*" von Marc Allen Eisner übernommen. Der Direktor des Zentrums für Frieden und Freiheit beim Independent Institute zeigt auf, wie entlang einer Kette von Kriegen der (Entstehungs)Geschichte der USA der Wohlfahrtsstaat auf- und ausgebaut wurde, mit immer neuen und umfangreicheren Steuern, wachsender Umverteilung, weitreichender Beschränkung von Freiheiten, ferner ausgedehnten Informationssammlungen, schließlich der Deformation und Privilegierung des Bankensystems. Den Meilenstein bildete der Erste Weltkrieg. Dazu passt das Diktum von Ludwig von Mises: „*Es wird ... noch immer nicht beachtet, daß ewiger Frieden nur durch restlose und allgemeine Durchführung des liberalen*

Programms erreicht werden kann, und daß der Weltkrieg nichts anderes war als die natürliche und notwendige Folge der antiliberalen Politik der letzten Jahrzehnte.“

Sieben Prinzipien einer liberalen Außenpolitik

Für eine liberale Außenpolitik, die dem Frieden dient, lassen sich sieben Prinzipien formulieren:

1. *Eigentumsschutz*: Wichtigste Aufgabe und zugleich die Existenzberechtigung des Staates ist der Schutz von Leib, Leben und Eigentum der Bürger, die ihn zu diesem Zweck geschaffen haben. Die Herrschaft des Rechts bindet gerade auch den Staat. Das gilt in Innen- und Außenpolitik gleichermaßen.
2. *Nicht-Aggression*: Gegenüber seinen Bürgern und den Menschen im Ausland gilt für die Regierung und den Staatsapparat das Nicht-Aggressionsprinzip. Nicht-Handeln als Handeln und Nicht-Einmischung in die Angelegenheiten anderer Völker gehören zu den vornehmsten Aufgaben eines jeden Staates.
3. *Selbstverteidigung*: Einsatz von Gewalt bis hin zum Kriegführen kann nur dann das letzte Mittel sein, wenn das Ziel die Wiederherstellung des Friedens ist. Liberale Außenpolitik ist nicht pazifistisch. Aggression, Abschreckung, aber auch Präventivkriege sind allerdings keine geeigneten Mittel, Wehrhaftigkeit hingegen schon. Gewalt darf mit Gewalt zur Selbstverteidigung beantwortet werden.
4. *Kapitalistischer Friede*: Kapitalismus, verstanden als freie Marktwirtschaft, ist der beste Friedensgarant. Offene Märkte, Vertragsfreiheit, Privateigentum, Freihandel und Rechtssicherheit ermöglichen den Tausch über politische Grenzen hinweg und damit die (friedliche) Kooperation unterschiedlicher Menschen und Völker. Dafür darf und soll sich eine Regierung weltweit engagieren.

5. *Friedensordnungspolitik*: Eine Rahmenordnungspolitik zur Stärkung liberaler Institutionen weltweit gehört ebenfalls zu den liberalen außenpolitischen Prinzipien, also das friedliche, aber nachdrückliche Eintreten für eine freie Gesellschaft und das Mitwirken in internationalen Institutionen, die für Freiheit und Recht eintreten.
6. *Sezession*: Die Gewährung eines uneingeschränkten Rechts auf Sezession, und damit eine selbstbestimmte Staatsbildung, ist ein konsequent liberaler Grundsatz, der im Selbstbestimmungsrecht der Völker verankert wurde. Dazu gehört auch, gegen die Bestrebungen von Sezessionisten keine Hürden zu errichten. Die Sicherung der Freiheit des Wettbewerbs, gerade um bestmögliche staatliche Dienstleistungen, ist ein essentielles Prinzip einer freien Gesellschaft in und über Europa hinaus.
7. *Minimalstaat*: Frieden kann weltweit letztlich nur durch Beschränkung der Staatstätigkeit auf die hoheitlichen Kernaufgaben gesichert werden. Insbesondere gehört es nicht zu den Aufgaben von Regierung und Staat Wohlfahrtsvorstellungen durchzusetzen. Vielmehr haben sich Regierungen und Staatsapparate dem Primat von Freiheit und Recht zu unterwerfen. Außerdem haben sie Freiheit und Recht zum Durchbruch zu verhelfen.

Außenpolitische Prinzipien sind so bedeutsam wie lange nicht

Die zuvor genannten Prinzipien sind zwar weder zeit- noch kulturgebunden. Gleichwohl kommen sie zur rechten Zeit. In Berlin bildet sich allmählich eine außen- und sicherheitspolitische Community heraus. Im Vergleich mit Metropolen oder Regierungssitzen wie Paris, London und Washington hinkt die deutsche Entwicklung aus nachvollziehbaren Gründen hinterher. Das gilt auch für die bekannte deutsche Strategielücke, die wiederum mit einer zögerlichen Definition deutscher Interessen zu tun hat. Elemente einer deutschen Außen- und Sicherheitspolitik hat die Stiftung Wissenschaft und Politik (SWP) zusammen mit dem German Marshall Fund (GMF), unterstützt vom Auswärtigen Amt, in einem Papier mit dem Titel „*Neue Macht. Neue Verantwortung*" formuliert. Tenor ist, Deutschland soll mehr Verantwortung übernehmen und eine werteorientierte Politik zur Mitgestaltung einer freien globalen Ordnung praktizieren: „*Das überragende strategische Ziel Deutschlands ist der Erhalt und die Fortentwicklung dieser freien, friedlichen und offenen Ordnung.*" Leitlinien bilden eine vertiefte europäische Integration und das Abstützen auf die bewährte, als reformbedürftig angesehene Organisationstrias VN, EU, NATO. Zugleich soll Deutschland SWP und GMF zufolge stärker führen: „*Gefragt sind mehr Gestaltungswillen, Ideen und Initiativen. Deutschland wird künftig öfter und entschiedener führen müssen.*" Bemerkenswerterweise reichen die für eine Erneuerung und Anpassung der internationalen Ordnung von Deutschland einzusetzenden Mittel für die Autoren des Papiers von Diplomatie bis zum Einsatz militärischer Gewalt. Bemerkenswert deshalb, weil auch unter den mehr als 40 außenpolitischen Experten aus unterschiedlichen Bereichen von Regierungs- und Nichtregierungs-, staatlichen und privaten Institutionen kein Konsens, sondern ein öffentlich gemachter Dissens bezüglich des Einsatzes von Gewalt herrscht. Aus klassisch-liberaler Sicht verfolgt das Papier die richtige Vision – den Erhalt und Ausbau einer freien, friedlichen Ordnung – mit teilweise falschen Mitteln, darunter Gewalt, auf Zwang beruhendem Interventionismus und EU-Bürokratismus. Gestaltungsspielräume verdrängen Prinzipien.

Konsequente Friedenspolitik ist das rechte Mittel auch gegen Despoten

Das Institute for Economics and Peace schätzt die Kosten für die Aufrechterhaltung von Gewalt im Jahr 2012 auf 9,5 Billionen Dollar. Das entspricht in etwa 10% der Weltwirtschaftsleistung und dem doppelten Wert der globalen landwirtschaftlichen Produktion. Unmittelbar stellt sich die Frage nach der Vereinbarkeit von Waffenexporten mit dem Erhalt einer freien, friedlichen Welt. Zudem rückt die Frage nach dem Umgang mit Despoten in den Vordergrund. Zahlreiche Untersuchungen, darunter vom führenden Theoretiker der friedlichen Revolution zur Überwindung von Diktaturen, Gene Sharp, kommen zu dem Ergebnis, dass friedliche Erhebungen wirksamer sind als gewalttätige, und Regime von innen heraus überwunden werden müssen, um zu tragfähigen neuen Gesellschafts- und Regierungsformen zu gelangen. Terrorismus, auch Staatsterrorismus, erfordert internationale polizeiliche Maßnahmen im weiteren Sinne, nicht aber militärische. Das lehrt auch der Ausbruch des Ersten Weltkriegs, der sich 2014 zum einhundertsten Mal jährt. Sicherheitspolitische Kreise in der Führung des Habsburger Reiches beharrten auf einer militärischen Antwort auf das erfolgreiche Attentat serbischer Terroristen in Sarajewo. Interventionen, um andere Menschen angesichts einer versagenden oder sich gegen sie wendenden Staatsgewalt zu schützen, ist nicht die Pflicht eines anderen Staates. Dessen Legitimität besteht im Schutz der eigenen Bürger, während es nicht seine Aufgabe ist, Leib und Leben seiner Bürger zum Schutz von Menschen in anderen Staaten einzusetzen.

Konsequent auf liberale Ziele, Prinzipien und Praktiken zu vertrauen bedeutet, das Prinzip Zwang konsequent durch das Prinzip Vertrag zu ersetzen. Freiwilliger Austausch ist die Grundlage von Frieden. Das bedeutet nicht zuletzt Selbstbeschränkung. Es hilft das Eingeständnis, dass manches, vielleicht vieles die eigenen Kräfte übersteigt. Menschen müssen selbst für ihr Recht eintreten. State- und Nationbuilding sind ambitionierte Projekte, die fast durchweg an den regionalen Eigenheiten scheitern. Zugleich werden viele bisher selbst geschaffene Probleme absehbar gar nicht erst entstehen, sobald sich Regierungen und Staatsapparate zurückhalten. Das zeigen anschaulich die Interventionen in Afghanistan und im Irak, bei denen Ziele und Ergebnisse weit auseinanderklaffen. Auch die im Grunde desaströse Bilanz der Entwicklungshilfe, die autoritäre Staatsführungen stärkt, Marktwirtschaft und Unternehmertum behindert und Armut verfestigt, bei gleichzeitigem Protektionismus des Westens, gehört zum Mythos der Machbarkeit.

Schließlich bringt eine konsequent liberale Außenpolitik folgende Einsicht mit sich: Gewalt wird sich niemals vollständig überwinden lassen. Der ewige Friede ist nicht erreichbar. Wir können die Welt nicht retten. Bescheidenheit ist daher eine Devise, Wehrhaftigkeit mit Worten und Taten zur Errichtung und zum Schutz einer Ordnung der Freiheit und des Friedens eine weitere Lehre.

Konfliktprävention und Friedenserhalt ist mit Liberalismus identisch

Wie können Konflikte vermieden und wie kann Frieden geschaffen bzw. erhalten werden?

1. Den Austausch der Menschen fördern, denn Kapitalismus respektive Marktwirtschaft ist für Frieden bedeutender als Demokratie.
2. Die Völker müssen sich in allererster Linie selbst helfen, denn gewaltlose Selbsthilfe ist besonders erfolgreich und dauerhaft. Eine derartige Selbsthilfe zur Errichtung offener Gesellschaften besitzt eine historische Dimension.
3. Liberale Wehrhaftigkeit praktizieren, die abschreckend und aufklärend dem eigenen Schutz dient. Hier ist Sicherheitspolitik gefragt.

Ludwig von Mises brachte das Programm des Liberalismus wie folgt auf den Punkt: „*Das Ziel der inneren Politik des Liberalismus ist auch das seiner auswärtigen Politik: Frieden. So wie im Innern der Staaten so strebt der Liberalismus auch im Verkehr zwischen den Staaten friedliches Zusammenwirken an. Der Ausgangspunkt des liberalen Denkens ist die Erkenntnis des Wertes und der Wichtigkeit menschlicher Kooperation, und alles, was der Liberalismus plant und ins Werk setzen will, dient der Erhaltung des gegenwärtig erreichten Standes und dem weiteren Ausbau der wechselseitigen Kooperation der Menschen. Als letztes Ideal schwebt dabei immer der Gedanke einer vollständigen Kooperation der ganzen Menschheit vor, die sich friedlich und ohne Reibungen abwickelt. Das Denken des Liberalen hat immer das Ganze der Menschheit im Auge und nicht nur Teile, es haftet nicht an engen Gruppen, es endet nicht an den Grenzen des Dorfes, der Landschaft, des Staates und des Erdteils. Es ist ein kosmopolitisches, ein ökumenisches Denken, ein Denken, das alle Menschen und die ganze Erde umspannt. Der Liberalismus ist in diesem Sinne Humanismus, der Liberale Weltbürger, Kosmopolit.*“

Auf eine Kurzformel gebracht lautet das außenpolitische Programm des Liberalismus: *Außenpolitik für Recht und Freiheit durch Recht und Freiheit!*

Reiseordnungspolitik

Kanada - Dynamik mit Bodenhaftung[19]

Kanada hat viel zu bieten: Herrliche Landschaft, nette Menschen, westlichen Standard und eine wirtschaftliche Lage, die Beachtung verdient.

Beim Bummel durch die Einkaufsmeilen springt es ins Auge: permanent werden Arbeitskräfte gesucht. Ob Teilzeit, tagsüber oder für Nachtschichten und vor allem im Dienstleistungssektor. Der macht trotz des enormen Rohstoffreichtums (10% der Weltwaldfläche, zweitgrößte Erdölreserven, größter Weizenexporteur) mehr als zwei Drittel der Wirtschaft aus. Vor allem Informations-, Bio- und Nanotechnologie bilden die neuen Schwerpunkte. Daneben besteht ein ausgeprägter Niedriglohnsektor, das ist unübersehbar. Unvermeidbar sind die Ketten, die um die Mägen und Geschmacksnerven der Konsumenten konkurrieren. Mit über 2.300 Filialen ist Tim Hortons die Anlaufstelle für Frühstück und Goodies für den ganzen Tag. Auf großen, bunten Schildern, für europäische Augen etwas schmerzhaft, werden Dienstleistungen aller Art angeboten – Restaurants mit Essen

[19] Stand Frühjahr 2007.

aus aller Welt, Autoreparaturen, lokaler Tourismus wie Kajakfahrten, aber auch Horrormasken für den nicht alltäglichen Bedarf oder Militärbuchhandlungen. Neben den großen Ketten existieren viele Einzelhandelsgeschäfte.

Der Staat kann sich aus der Wirtschaft heraushalten. Aufgrund der Bodenschätze mag dies eine einfache Übung sein. Anerkennenswert ist die Wirtschaftspolitik der letzten Dekade dennoch: Zehn Überschussbudgets in Folge (!), Schuldenquote der Zentralregierung 35% (1996 noch 68%), Staatsquote 33%. Im Sommer 2006 wurde die zentrale Steuer (GST) von 7 auf 6 Prozent gesenkt! 2010 soll die Unternehmenssteuer von 21 auf 19 Prozent verringert werden. Dennoch ist Kanada, wie auch die USA, ein Wohlfahrtsstaat. Strukturpolitik, Innovations- und Entwicklungspolitik, Umverteilung, all dies sind Aufgaben, die die Zentralregierung durchführt und dazu den Provinzen Transferleistungen von zusammen 118 Mrd. USD zukommen lässt; eine Ausnahme ist die ölreiche Überschussprovinz Alberta.

Als Reisender gewinnt man den Eindruck, dass trotz des Strukturwandels und der dynamisch wachsenden Wirtschaft alles etwas ruhiger zugeht. Während das BIP in den letzten zehn Jahren um durchschnittlich 3,9% gewachsen ist, Kanada also die am schnellsten wachsende Wirtschaft der G8-Staaten ist und ein höheres BIP pro Kopf als Deutschland aufweist, herrscht Tempolimit 110 auf den Autobahnen. Beim Blick in die Weiten der Landschaft stellt sich eine urtümliche Verbindung zur Natur her. Vielleicht ist das ein Grund für die verbreitete Gelassenheit.

Wer Deutschland den Rücken kehren möchte, hat hier gute Chancen, erfolgreich zu sein. Das Potential der bilateralen Handelsbeziehungen ist keinesfalls ausgeschöpft, Investoren sind sehr willkommen, vielseitige und gut ausgebildete Menschen werden gesucht und bei der Einwanderung bevorzugt. Die seit zehn Jahren gelockerte Einwanderungspolitik lässt 200.000 Menschen pro Jahr ins Land, an erster Stelle diejenigen, die für die kanadische Wirtschaft nützlich sind. Nach einer völligen Liberalisierung, die das Schleifen staatlicher sozialer Sicherungssysteme zur Voraussetzung hätte, ist das vielleicht die zweitbeste Strategie. Wer nach Kanada kommt, trifft auf eine ungeahnte Nationalitäten-Vielfalt, darunter Chinesen, Inder, Iraner und Briten. Das allein macht Kanada sehenswert.

New Yorker Vielfalt[20]

New York ist die Stadt der Superlative – eine überbordende Vielfalt strömt aus allen Ecken und Enden. Der „Große Apfel“ ist die bevölkerungsreichste Stadt der USA, gilt als Kulturhauptstadt der Welt. Kaum zu überhören ist die größte sprachliche Diversität der Welt, von der sage und schreibe 800 Sprachen in New York gesprochen werden sollen. 1900 machten die Deutschen die größte Einwanderergruppe aus, und Harlem war ein Deutsch dominiertes Viertel. Mehr als 12 Millionen Immigranten reisten über Ellis Island allein zwischen 1892 und 1924 ein. Jenseits der vielen Maximalismen, die von Architektur, über Baseball und Finanztransaktionen bis zu städtischer Sicherheit, Transport und Verkehr reichen, fallen dem Besucher die ethnologischen Unterschiede ins Auge. Hinter dieser Vielfalt, die alle Bereiche des Lebens durchdringt und Kunst genauso wie Geschäfte einschließt, verblassen ähnlich schwer greifbare Fakten wie die 1,28 Billionen Dollar Bruttometropolenprodukt (Gross Metropolitan Product, GMP), die New York 2010 erwirtschaftet hat. Rang 1 unter 120 Städten der Welt ist mit dieser Wirtschaftskraft verbunden. Zu den Ursachen zählen die weltbeste Anziehungsfähigkeit von Kapital, Geschäften und Touristen.

Nach Ashby's Law of Requisite variety lässt sich Komplexität nicht durch Simplizität reduzieren. Das ist allerdings kein Trost für einen Besucher von New York. Die Auswahl ist scheinbar übergroß. Das gilt für Essen in unzähligen kleinen und großen Take Aways, Delis und Restaurants, die unterschiedliche Nationalitäten oder einen Cross-over

[20] Stand Herbst 2013.

widerspiegeln – deutsch und französisch inspirierte Backwaren neben mediterran-nahöstlichen Salaten und italienischem Kaffee. Auffällig sind die Unmengen an Süßem, die es in Manhattan gibt. Angeboten wird neben bäckerischem Variantenreichtum Schokolade im Premiumsegment Godiva, aber auch in herkömmlichen Riegeln abgepackt, angeboten in zahlreichen Kiosken, die die Avenues säumen.

New York ist überwiegend nicht billig. Zugleich ist die Papiergeld-illusion des Greenback mit Händen greifbar. Der Papierdollar fasst sich wie Dritte Welt Geld an. Da hilft auch der Schriftzug „In God we trust“ nicht. In Entwicklungsländern wie Uganda werden US-Dollars als Zahlungsmittel nur dann angenommen, wenn sie nach 1996 ausgegeben wurden. Und angesichts der kleinen Stückelung mit vielen 1, 2, 5 und 10-Dollar Noten benötigen Barzahler flinke Finger für die Scheingeldstapel. Da fast jedes Gut mit einer Kreditkarte bezahlt werden kann, schwindet das Empfinden für solides Geld weiter.

Das war nicht immer so. New York ist bei aller Modernität in erheblichem Maße eine Stadt der Vergangenheit. Zeitlose Größe und Weisheit strahlen aus manchem alten Gebäude und vielen Tafeln. Vor dem Rockefellers ist ein Redeauszug in Bronze gegossen, der als Zitat des Monats Dezember 2013 bei Forum Ordnungspolitik nachlesbar ist. Ein Gebäude im neoantiken Stil trägt eine große Inschrift, die in Marmor gemeißelt wurde und lautet: „*The true administration of justice ist he firmest pillar of good government.*“ Es ist der New York County Supreme Court. Gerechtigkeit als Wesen guter Regierungsführung – lang, lang ist’s her. In der New York Public Library wird in goldenen Lettern der Astor-Familie für ihre Großzügigkeit über fünf Generationen gedankt. Man mag den neo-antiken Stil kitschig finden, aber bildungsbürgerliche Tugenden, Proportionen und Fassadendetails sind eine Freude. Demgegenüber wirken die mächtigen, aber aalglatten Bürotürme zuweilen wie Kommissionskamele – nach der Anekdote: Was ist ein Kamel? Ein von einer Kommission entworfenes Pferd.

Dass der Westen altert, lässt sich auch in New York erkennen. Amerikaner im Stadtbild, gerade jenseits ausgetretener Touristenpfade sind eher mittleren Alters oder sehr etabliert. Ohne etwa Mexikaner als

Dienstleister würde die Stadt logistisch nicht funktionieren. Bemerkenswert hoch ist der Personalaufwand ohnehin. Das gilt für viele Geschäfte und Delis, für Polizeipräsenz und beim Abladen von LKW. Gegensätze, die wir in Deutschland als unangenehm oder gar skandalös betrachten würden, gehören zum Alltag. Von allerdings wenigen sichtbaren jungen Obdachlosen bis zu bemerkenswertem Luxus reicht die Bandbreite, etwa einem Shopping Guide für 1.000 Dollar in der ersten Stunde im Luxuskaufhaus Saks an der 5th Avenue. Zugleich fällt die erhebliche Zahl privater Hilfsinitiativen in den Straßen, im Fernsehen und auf Plakaten auf.

Die Vielfalt der Metropole ist nicht steuerbar. Ob Kultur oder Kommerz, die Vielfalt entsteht ungeplant und ist nicht lenkbar. Dennoch spürt man Kräfte, die zu lenken suchen. Manches gleicht potemkinschen Dörfern aufgrund übertriebener und durchsichtiger Inszenierung – zu aufgesetzt, zu glamourös, zu sportiv. Aufgeregte Nachrichten aus der Welt, vor allem aber den USA, mit vielen Live-Bildern und wenig bleibendem Wert. Es fällt schwer angesichts der Vielfalt zu erkennen, was es noch Neues geben könnte. Die Faszination bleibt und die beruhigende Erkenntnis, dass jeder auf seine Weise einen kleinen Teil zur Vielfalt beiträgt.

Marokko: Aufbruch mit Hindernissen[21]

Marokko ist ein interessantes Land. Als Schmelztiegel verschiedener Kulturen entfaltet es seine Reize, aber auch wegen des exzellenten Kaffees, der als Nusnus serviert einem halben Latte Macchiato entspricht und auch in von Touristen wenig frequentierten Bergregionen serviert wird. Die Berber leben seit mindestens 7.000 Jahren hier. Berber bedeutet freier Mensch wie Tuareg auch. Vor rund 800 Jahren kamen die Araber hinzu, eroberten weite Teile des Landes und verankerten ihre Kultur und den Islam. Die dritte

[21] Stand Frühjahr 2013.

Bevölkerungsgruppe bilden die Juden, die schon vor 2.000 Jahren mit Salz, dem weißen Gold, überregionale Handelsbeziehungen pflegten. Heute gibt es neben Moscheen auch Synagogen und sogar riesige Kirchen, etwa in Casablanca. Dort steht auch die drittgrößte Moschee der Welt, nur Mekka und Medina haben diesbezüglich noch mehr zu bieten. Schließlich haben Afrikaner ihre Spuren in der Gesellschaft hinterlassen, vor allem aus Mali, Niger, Sudan und Ghana.

Der ethnisch-konfessionelle Mix des Landes mit 32 Millionen Einwohnern weist auf die überaus günstige Lage des Landes hin, mit seiner langen Atlantikküste und Häfen wie Tanger, das durch die Kolonialisierung der Franzosen nach 1912 genauso wie Casablanca aufblühte. Noch heute ist diese Blütezeit durch abgeblätterten Putz an einst repräsentativen Gebäuden und auf belebten, aber dennoch trist wirkenden Plätzen spürbar. Schönere Bauten sind nicht hinzugekommen. Zugleich bildet Marokko eine Brücke zwischen Europa und Afrika. Außerdem liegt es am Eingang des Mittelmeers. Im Grunde sind das ideale Bedingungen, um eine führende Rolle als überregionale Logistikdrehscheibe zu spielen und einen „Financial Hub" zu bilden. Marokko könnte mit eigenem Stil eine Fortsetzung Europas sein, dass nur 13 Kilometer entfernt liegt. Aber so unternehmerisch wie manche Golfstaaten wird das Land nicht geführt. Die Arbeitslosigkeit ist groß, besonders unter Jugendlichen, die Analphabetenrate viel zu hoch, die Bildung zu gering. Die Facharbeiteranforderungen der Wirtschaft werden nicht erfüllt. Deshalb haben Qualifizierte massenhaft ihr Glück in Europa gesucht und gefunden, sie strömen nun aber krisenbedingt in ebensolchen Massen zurück in ihre Heimat, die sie zuvor noch mit Milliardenbeträgen in Form von Transfers und mit Sachleistungen unterstützt haben, darunter ausrangierte, aber gut verwendbare Busse für den Transport auf dem Lande.

Widersprüche aller Orten: Die Armut im Süden ist erschreckend. Der Mangel an Klassenräumen lässt die durchschnittliche Klassenstärke auf 40 bis 50 Kinder anschwellen. Zugleich wurden in den Bau der luxuriösen Moschee Hassan II. gut 800.000.000 US-Dollar investiert, auch mit privaten Spenden kleiner Leute. Wenige sehr wohlhabende Menschen können sich McDonalds leisten, zwei Filialen liegen vom Villenviertel in Casa, wie die Marokkaner sagen, nicht weit entfernt. Indes bleibt die Masse der Menschen unter ihren Möglichkeiten. Man kann die Apathie in ihren Gesichtern sehen. Es wundert nicht, dass im Zuge des „Arabischen Frühlings“ auch in Marokko protestiert wurde. Indes erstaunt, dass nicht mehr protestiert wird. Das Gefälle zwischen Arm und Reich in Casablanca scheint weniger einem Aufbruch mit sich anbahnendem „Trickle down Effekt“ geschuldet zu sein, denn der Herrschaft weniger und der daraus resultierenden Stagnation vieler. Ablesbar ist das auch am Durchschnittseinkommen von nur 2.900 US-Dollar pro Kopf pro Jahr. Insofern gilt: Modernisierung punktuell ja, Aufbruch nein.

Eigentlich sollte es in Marokko wirtschaftlich und gesellschaftlich vorwärts gehen. Der westlichste der fünf Maghreb-Staaten hat zeitweise enorme Reformfortschritte gemacht und war 2010 das reformfreudigste Land weltweit. Allerdings ist mit einer Arbeitsmarktpolitik der Marokkanisierung, noch immer viel zu hohen Lizenzierungskosten für die Gründung eines Unternehmens und anhaltend unrentablen Staatsbetrieben sowie noch unzureichender Regionalisierung und zu geringen Bildungs- und Qualifikationsfortschritten (40% Analphabeten) kein Schub zu erwarten. Die Staatsausgaben sind zu hoch, die Verschuldung hat die 50%-Marke des BIP überschritten. Korruption und ein unwirksames Justizsystem, das politischer Einflussnahme unterliegt, bilden Hürden für die notwendige Etablierung einer Marktwirtschaft. Der Staatsapparat liegt trotz Reformen wie Blei auf den unternehmerischen Aktivitäten der Menschen und verhindert einen Aufbruch; zugleich scheint ein Ausbruch aus der Stagnation angesichts des „Arabischen Frühlings“ dringlicher denn je.

Im Easy of Doing Business Index liegt das Land nur oder immerhin in der Mitte der 185 aufgeführten Länder – mit Rang 97 hat es sich 2013 vier Plätze verschlechtert. Das liegt insgesamt an der erschwerten Registrierung von Eigentum (Platz 163) und dem schlechten Schutz von Investoren. Immerhin hat die Regierung die Gründung von Unternehmen deutlich vereinfacht. Der Economic Freedom Index führt Marokko an neunter Stelle von 15 Ländern in Nah-/Mittelost. Die stetige Verbesserung der wirtschaftlichen Freiheit sei zum Stillstand gekommen, heißt es in der Länderkurzfassung, die Justiz sei stark politischen Einflüssen ausgesetzt. Korruption bleibe ein gravierendes Problem.

Besonders auf der Ebene der Kleinstunternehmer verharrt das Land teilweise im Mittelalter. Das offenbart sich im Zentrum von Fes auf eindringliche Weise in engen, dunklen, nicht immer gut riechenden Gassen. Dort wird auch noch per Hand gegerbt – entsetzlich. Wer hier später einmal die Modernisierung einer historischen Innenstadt bedauert, lebt in einer schönen Scheinwelt.

Ökonomisch hilft es nicht, dass bis zu einem Drittel des weltweit geförderten Phosphats aus Marokko stammt. Der industrielle Sektor ist sehr klein und wenig produktiv, zudem leidet der wichtigste Wirtschaftszweig, die Textilindustrie, unter Krisen und internationalem Wettbewerbsdruck. Reisenden springen indes zwei andere Sektoren ins Auge: der große Anteil der Landwirtschaft, in dem rund 40% der Bevölkerung auf vielfach unprofitable Weise, nämlich in Subsistenzwirtschaft, tätig sind. Hinzu kommt der aufgeblähte öffentliche Sektor. Viel zu viele Staatsbedienstete gehen unproduktiven Tätigkeiten nach, darunter Polizisten, die nichts zu tun haben, was sichtbar auch für Parkarbeiter und die Königsentourage gilt.

In Casablanca sind viele Menschen unterwegs, aber Dynamik strahlen sie nicht aus. Überwiegend Billigprodukte werden angeboten. Buchläden sind selten. Viele Menschen gehen einfachsten Tätigkeiten nach: Schuhe putzen, Tempotaschentücher verkaufen, Selbstgebasteltes anbieten. Auffällig viele Bettler durchstreifen die Straßen und bitten auch an der Ampel um Almosen, zuweilen ein Kleinkind in einem Tuch auf dem Rücken. In ländlicheren Gebieten wie Meknes prägt ein typisch arabischer Mix aus ehemaliger Hochkultur und schlichten Importprodukten den Alltag.

Die herrliche Landschaft bleibt davon unberührt. Hotels mit unterschiedlichem Standard, aber vielen Sternen, bieten zumeist nur eine akzeptable Herberge. Die Türkei glänzt im Vergleich mit meilenweit besserem Angebot und Service. Dementsprechend wenig überrascht die relativ geringe Zahl der Touristen, obwohl die Hochsaison begonnen hat. Die Krisen in der Region dürften ihr übriges tun. Dabei kann man sich in Marokko durchaus sicher fühlen, auch Diebstahl ist kein Thema – selbst Fahrräder und Motorroller stehen unangeschlossen auf den Bürgersteigen. Vielleicht verändert sich Marokko noch in den nächsten zwei Jahren. 2015 kann es als Ausrichter der Fußball-Afrika-Meisterschaft glänzen. Wenn nicht, werden die Menschen das Land verändern – so oder so.

Propaganda – gestern und heute

In den 1920er Jahren war Propaganda ein neues strategisches Mittel, um die Massen für eigene Zwecke einzuspannen. In den 1930er Jahren gab es in Deutschland einen ungeheuer erfolgreichen Propaganda-Minister. Heute ist Propaganda an der Tagesordnung. Die deutsche Regierung macht davon (umfänglich) Gebrauch genauso wie große Unternehmen, aber auch Nicht-Regierungsorganisationen. Lediglich das Etikett wurde gewechselt: Regierungs- und Unternehmens-kommunikation lautet die wohlklingend neutrale Bezeichnung. Es gibt sogar auf Propaganda spezialisierte Unternehmen. Sie heißen PR-Agenturen.

Der Begriff „Public Relations" geht auf Edward Bernays (1891-1955) zurück. Er schrieb 1928 das Buch „Propaganda"[22] und erfand aufgrund der mangelnden Popularität des Begriffs einen anderen. Sein Buch ist selbst ein PR-Produkt. Bernays vermarktet

[22] Edward Bernays: Propaganda. Die Kunst der Public Relations. Englische Erstauflage 1928, deutsche Neuauflage, Verlag orange press, Kempten 2009.

Propaganda aus Überzeugung als ein sinnvolles und notwendiges Mittel zur Steuerung der Massenmeinung. Bernays war erfolgreich für US-Regierungen, Tabakkonzerne und karikative Zwecke tätig.

Seine zentrale These lautet, die Gesellschaft habe sich einverstanden erklärt, „*über Propaganda und Meinungsmanagement gesteuert zu werden.*" Die Organisation und Konzentration der öffentlichen Meinung sei für ein geregeltes Zusammenleben unerlässlich. Je komplexer die Gesellschaft, desto konsequenter seien die technischen Mittel zur Steuerung der öffentlichen Meinung zu nutzen, darunter Druckerpresse, Zeitung, Eisenbahn, Telefon, Telegraf, Radio und Flugzeug. Bernays ist der Überzeugung, dass wir von Meinungsführern und Medien sowohl Positionen als auch Beweisführung und vom ethischen Führungspersonal der vorherrschenden Meinung die Verhaltensnormen übernehmen. Da ist leider heute noch viel dran, und angesichts überbordender Fehleinschätzungen des gesellschaftlichen Führungspersonals handelt es sich um eine gefährliche Verhaltensweise. In den 1920er Jahren schrieb ein späterer führender deutscher Politiker noch unverblümt in seinem Hauptwerk: „Die Propaganda versucht eine Lehre dem ganzen Volke aufzuzwingen".

Genau das ist heute der Fall, ob Euro-Krise und alternativlose Rettungspolitik, Energiewende und Rettung der Erde vor dem Klimakollaps, gesundes Leben, Lifestyle und politische Korrektheit. PR oder Propaganda, das sind die Strukturen und Mechanismen, mit denen die öffentliche Meinung und das öffentliche Bewusstsein gesteuert werden. Wie die Öffentlichkeit gezielt manipuliert wird, wie die Zustimmung der Bevölkerung systematisch gewonnen wird, durch Nutzen von Klischeevorstellungen, bekannten Verhaltensmustern und Schlüsselpersonen, um die Wünsche der Massen zu kanalisieren und zu manifestieren, das zeigt Edward Bernays in seinem Standardwerk: „Propaganda. Die Kunst der Public Relations"; es hat nichts an Aktualität eingebüßt.

Erstmals trafen sich Politiker wie US-Präsident Calvon Coolidge (1923-1929) mit Schauspielern, um ihr Publikum für sich zu gewinnen.

Bernays wirbt für Propaganda zum Nutzen der Frauenbewegung, zum Vorteil für die Bildung, die nicht den angemessenen Stellenwert besitze, genauso wie sich soziale Arbeit durch Propaganda aufwerten lasse. Indes erfordere Propaganda viel Geld und sei aufwändig. Ursächlich ist der dauerhafte und systematische Einsatz der PR-Mittel. Daher liegt die Propagandamacht in der Hand von nur wenigen. Bernays hält das für einen Fortschritt, wohl nicht zuletzt, weil er selbst davon als Berater profitierte. Und weil er an die Steuerung der Gesellschaft durch wenige, mächtige, kluge Experten glaubte. Bernays' Haltung ist gleichermaßen durchsichtig, weil es sich um Propaganda in eigener Sache handelt, und fragwürdig, weil diese zu zweifelhaftem Zwecken eingesetzt wird. Indes vermittelt der Klassiker originäre Einblicke in das Wesen der Meinungsmanipulation. Es liegt an uns, ob wir uns den öffentlichen Lehren beugen oder entziehen.

Die Linke ist strukturkonservativ geworden

Linke Positionen waren ursprünglich einmal liberale Positionen. Die Manchesterkapitalisten um Richard Cobden kämpften für Freiheit, gleiche Rechte – unabhängig von Stand oder Geschlecht – und gegen Armut, Unterdrückung und wirtschaftliche Ausbeutung. Mit dem Niedergang des Liberalismus in der zweiten Hälfte des 19. Jahrhunderts wurden linke Ziele zunehmend mit kollektivistischen Methoden verfolgt. Zunächst Saint-Simonismus und Marxismus, später Bolschewismus und nationaler Sozialismus schrieben sich Gleichheit und die Besserstellung entwurzelter Massen auf ihre Fahnen. Die Lemminge folgten ihnen willig. Heute sind ursprünglich linke Positionen wie Freiheit, Gleichheit und Brüderlichkeit längst Allgemeingut geworden. Nehmen wir Fortschritt und Aufklärung hinzu, so tritt allerdings der Unterschied zwischen linken und liberalen Positionen klar zu Tage. Die Linken sind heute Kollektivisten, die Liberalen unverändert Individualisten. Die Linken verfolgen gemeinsam mit den Rechten strukturkonservative Ziele. Dazu gehören

Abschottung statt offener Grenzen, Warnung vor den Folgen des technischen Fortschritts und das etatistische Sammelsurium der Regulierungen, Verbote und Subventionen, die mit dem Deckmäntelchen der „sozialen Gerechtigkeit" kostümiert werden. Wider aller historischer Erfahrung und allen theoretischen Erkenntnissen zum Trotz wird erneut die Parole „Freiheit durch Gleichheit" ausgegeben. Gegen die besonders unter (linken) Intellektuellen verbreiteten Irrtümer schreibt zum Beispiel Roland Baader in „totgedacht" an.

Die beiden Erfolgsautoren Dirk Maxeiner und Michael Miersch[23] analysieren *die heutige Linke* anhand von sieben Leitgedanken:

1. *Abschied von der Freiheit.* Die Linke gibt seit den 1980er Jahren Diktatoren moralische Rückendeckung und pflegt Freundschaften mit „lupenreinen Demokraten" wie Russlands Präsident Putin.
2. *Abschied von der Gleichheit.* Die Linke verfestigt die kulturelle Abschottung der Bessergestellten, nachdem der Wohlstand für alle erreicht wurde, durch die geistige Vorherrschaft und Kontrolle von Staatsfernsehen, Staatsschulen und der Kulturindustrie, darunter Theater, Verlage, Musikindustrie und Filmbranche: *„Jeder, der es zu was gebracht hat, und als kulturell auf der Höhe gelten möchte, ist gegen Neoliberalismus, gegen Amerika und gegen Getränkedosen."*
3. *Abschied von der Brüderlichkeit.* Die Linke verteidigt die Privilegien und Sonderrechte zum Beispiel indem sie (lethargische) Arbeitsplatzbesitzer vor (tüchtigen) Arbeitssuchenden mit einem starren Kündigungsschutz schützt. Ziel der Linken ist es, den öffentlichen Dienst, in dem die Linke

[23] Dirk Maxeiner und Michael Miersch: Ist die Linke noch links? Der Abschied von Freiheit, Gleichheit und Brüderlichkeit. Position Liberal – Positionspapier des Liberalen Instituts der Friedrich-Naumann-Stiftung, 2. Auflage Berlin 2006.

wurzelt, als herrschende Klasse auszubauen und Kritik als politisch unkorrekt im Keim zu ersticken.

4. *Abschied vom Internationalismus.* Die Linke zementiert Grenzen, nationale Abschottung und die Probleme der Dritten Welt. Dabei wendet sie sich gegen die „*wahren kapitalistischen Überzeugungstäter*", die in den Slums von Johannesburg oder Mumbai leben. „*Straßenhändler, Kleinbauern und Arbeitssuchende spüren jeden Tag am eigenen Leibe, dass zumeist nicht raffgierige Unternehmer ihnen das Leben schwer machen, sondern kleptokratische Herrscher und ihre Bürokratien.*"
5. *Abschied vom Antifaschismus.* Die Linke übernimmt immer häufiger die Parolen der Rechtsradikalen, wie ein Vergleich ihrer Broschüren, dem Flirten Lafontaines mit rechten Wählern und der geistig-moralischen Unterstützung der Palästinenser im „Freiheitskampf" gegen Israel zeigen.
6. *Abschied von der Aufklärung.* Im Windschatten der Linken gedeihen religiöser Obskurantismus, Esoterik und Verschwörungstheorien, zu deren stärkste Strömung der Ökologismus zählt. In der Erwartung der Endzeit findet das „*ewige Leben ... in unablässigen Recycling-Schleifen seine Entsprechung und die Buße erfolgt in Form des Dosenpfandes.*"
7. *Abschied vom Fortschritt.* Die Linke blockiert soziale Veränderungen und neue Technologien. Ihr Zukunftspessimismus hat sich gegen das Auto und individuelle Mobilität, Atomkraft und Arbeitsplätze gefährdende Computer gewandt. Fortschritt wird allein durch gesellschaftliche Umwälzungen und demokratische Abstimmungen legitimiert. Dabei sieht die „*Kaviarlinke voller Verachtung auf die populären Ladenlokale von Aldi und Lidl herab und verkauft dies auch noch als Ausweis sozialer Verantwortung oder ökologisch hochstehender Gesinnung.*"

Liberale Politik ist ihrem Wesen nach Politik für jedermann; sie richtet sich gegen Privilegien und bevormundende Herrschaft. Von einer liberalen Ordnung profitieren geraden die armen und „minderprivilegierten“ Menschen. Liberale Politik kann wieder Politik für alle sein.

Die Negativgesellschaft

Denken in negativen Zusammenhängen bildet in Deutschland die Grundlage politischer Argumentationsmuster. Manch einer mag sich noch an Paul Kirchhofs Reformvorschlag einer Flat tax erinnern, die mit dem Hinweis auf die behauptete Schlechterstellung einer Krankenschwester medial beerdigt wurde. Negativdenken dominiert auch beim Verwerfen sinnvoller und im Wortsinn notwendiger Reformen sowie bei der Begründung staatlicher Interventionen: von zu kurz gekommenen Arbeitnehmern mit Mindestlöhnen über Berufspendler mit einer erweiterten Pendlerpauschale bis zu Zentral-abiturienten mit standardisierten Prüfungen. Mantra-artig benennen unsere Volksvertreter tatsächliche Missstände (selten) wie die Bürokratisierung oder vermeintliche Missstände (häufig) wie unerwünschte und deshalb zu korrigierende Verteilungswirkungen etwa im Fall von Löhnen.

In der Regel werden diese Missstände von der Politik und anderen Interessenvertretern als isolierte Einzelprobleme behandelt. Zum Beispiel erscheinen die Löhne der Postboten zu niedrig und müssen deshalb erhöht werden. Zugleich wird zumeist ein soziales Problem benannt, in jüngster Zeit auch gerne ökologische Großprobleme, das sofort geheilt werden soll. Stets ist die Zeit knapp. Kein Wunder, handelt es sich doch um eine Momentbetrachtung aus der Froschperspektive. Zudem werden Probleme gerne emotional aufgeladen, wie sich exemplarisch an Armutsdebatten im bundesdeutschen Wohlfahrtsstaat zeigt. Daraus ergibt sich ein interventionistischer Dreiklang:

Ursache – Maßnahme – Wirkung; regelmäßig mit Sperrhakeneffekt und weiterem Interventionismus.

Nun sind die Art und Weise, wie die Ursache identifiziert und die Auswahl der Maßnahme erfolgt, an sich schon problematisch genug. Gleichwohl soll an dieser Stelle das Augenmerk allein auf die Wirkung gerichtet werden. Der Wohlfahrtsinterventionismus ist nämlich auf einem Auge blind. Das folglich auf zweidimensionale Betrachtungen eingeschränkte Sehvermögen kann nicht erfassen, dass Eingriffe in die freie Interaktion von Menschen stets bedeuten, in komplexe, miteinander verbundene Prozesse einzugreifen. Stets besitzen Eingriffe Folgewirkungen, die nicht plan- oder beherrschbar sind. So ist die Höhe der Postbotenlöhne stets auch eine Frage der Wettbewerbsfähigkeit von Konkurrenten der gelben Post. Wettbewerb führt zu Innovationen und berührt eben nicht nur die Angestellten der Post, sondern vor allem Kunden, die von sinkenden Preisen, steigender Qualität und einem vielfältigeren Angebot profitieren. Ob es mit einem staatlichen Telefonmonopolisten schon Handys gäbe?

Das ist aber nicht alles, leider. Durch das Negativdenken werden Probleme erkannt und Lösungen benannt, die komplexe Systeme auf die Lösung dieses Partikularproblems hin strukturieren. Der Einzelfall wird verallgemeinert und so zum Lösungsschema für eine Vielzahl von Menschen. Im Fall der Postlöhne ist es der Mindestlohn für einen behaupteten unterbezahlten Angestellten, der durch die Regulierung für eine ganze Branche vorgeschrieben wird. Im Fall der gesetzlichen Krankenversicherung ist es der arme Arbeiter, dem die bestmögliche Gesundheitsversorgung zugeteilt werden soll, weshalb 90 Prozent der Bevölkerung diesem Modell folgen müssen. Bei der Steuer sind es die Armen, die weniger, und die Reichen, die mehr bezahlen sollen. Deshalb muss die Steuer progressiv sein, und für das Scheitern eines Systemwechsels reicht es aus, wenn es aufzuzeigen gelingt, dass eben eine Krankenschwester schlechter gestellt wird.

Dieses Denken in negativen Zusammenhängen hat eine Negativgesellschaft hervorgebracht, die sich im Nullsummendenken übt: Statt auf die Idee zu kommen, mehrere Kuchen zu backen, wird ein Kuchen „gerecht“ aufgeteilt. Statt auf die Folgewirkungen zu achten und insbesondere das in den Blick zu nehmen, was man zuerst nicht sieht, bleibt es beim flüchtigen ersten Blick: Abbau der Staatsbürokratie? Ausgeschlossen – das bedeutet ja noch mehr Arbeitslose! Dass diese Menschen für andere, dringendere Aufgaben benötigt werden und die staatlichen Gehälter durch private Zahlungen ersetzt werden, wodurch zusätzlich Steuern gesenkt werden können und noch mehr Arbeit nachgefragt werden kann, das bleibt für die Masse der Einäugigen zumeist schleierhaft. So entsteht eine Gesellschaft unmündiger Menschen. So entstehen Denkverbote. So wird die Interventionsspirale verlängert. Manchmal ist das Ende vom Lied die Kriminalisierung der Bevölkerung, die Steuerschlupflöcher sucht, um der Negativgesellschaft zu entkommen.

Zum Weiterlesen

Reinhard K. Sprenger: Der dressierte Bürger. Warum wir weniger Staat und mehr Selbstvertrauen brauchen, Frankfurt am Main 2005.
Reinhard K. Sprenger ist unserer Zeit stets voraus. Während Deutschland 2005 noch wehleidig Nabelschau betrieb und Wissenschaft und Wirtschaft immer neue altbekannte Reformvorschläge zur Stabilisierung des verkommenen bundesdeutschen Systems diskutierten, erklärte der zum Philosophen gereifte Managementberater das bundesdeutsche System für gescheitert. In „Der dressierte Bürger" fordert Sprenger eine Neuordnung der Gesellschaft. Seine konkrete Utopie lautet: Freiheit. Sein Ausgangs- und Zielpunkt ist der Mensch – selbst bestimmt, selbst verantwortlich, selbst vertrauend. Von hier ist es nicht mehr weit bis zu einer Freiheitspartei und Bürgern mit Selbstvertrauen. Ein Manifest der Freiheit!

Roland Baader: totgedacht. Warum Intellektuelle unsere Welt zerstören, Gräfelfing 2002.
Unsere geistigen Eliten sind immer wieder von kollektivistischen Ideologien fasziniert, die Gesellschaft, Wohlstand, Freiheit und Moral zerstören. Wir werden von Kindesbeinen an mit diesen Irrlehren aufgezogen. Warum hängen viele (deutsche) Intellektuelle in Politik, Kultur und Wirtschaft, besonders in den Medien, den falschen Ideen an? Unkenntnis und Anmaßung von Wissen, Überhöhung kollektiver Größen und Angst vor der freien individuellen Entwicklung, Macht und persönliches Besserstellen statt Markt gehören zu den Ursachen. Wie gehen sie methodisch vor? Umwertung von Begriffen wie Eigentum und Wettbewerb, Kampagnen wie „Kampf gegen rechts" und Political correctness sind Waffen, deren zerstörerische Kraft der populäre und sprachgewaltige Privatgelehrte Roland Baader aufdeckt. Nach der Lektüre werden Sie unsere Welt mit anderen Augen betrachten und in Erinnerung behalten, dass die Beste aller Welten nicht durch Vernunft entsteht, sondern als spontane Ordnung eines „Trial and error"-Prozesses.

Franz-Ulrich Willeke: Deutschland, Zahlmeister der EU. Abrechnung mit einer ungerechten Lastenverteilung, München 2011.
Einen Ariadnefaden benötigt man, um die intransparenten und der Öffentlichkeit weitgehend entzogenen Zahlungsströme der EU ans Tageslicht zu bringen. Mit „Deutschland, Zahlmeister der EU" hat der emeritierte VWL-Professor aus Heidelberg, Franz-Ulrich Willeke, der interessierten Öffentlichkeit ein in diesem Sinne geradezu fürstliches Geschenk bereitet: eine allgemein verständliche Darstellung der Lastenverteilung innerhalb der EU. Zu den Fragen, die Willeke stellt und beantwortet, gehören: Wer ist Nettozahler, wer Nettoempfänger? Wie steht Deutschland im Vergleich mit anderen Staaten da? Ist die Lastenverteilung gerecht? Wieviel hätte Deutschland bei gerechter Lastenverteilung tragen müssen? Das Ergebnis seiner verdienstvollen Recherchen birgt wirtschaftlichen und politischen Sprengstoff: Die Deutschen sind seit Jahren ausgeplündert worden.

Wilhelm Röpke: Jenseits von Angebot und Nachfrage. Ein Klassiker der Sozialen Marktwirtschaft, Nachdruck der 1958 erschienenen 1. Auflage, Düsseldorf 2009.
Wilhelm Röpke hat in seinem letzten, 1958 erschienenen Buch eine über das Ökonomische hinausreichende Kritik der modernen Massengesellschaft und des Wohlfahrtsstaates verfasst. Seine leidenschaftlich-vehemente Diagnose einer geistig-moralisch kompasslos gewordenen Industrie- und Massengesellschaft zeigt zugleich Voraussetzungen und Grenzen der Marktwirtschaft auf, in deren Mittelpunkt der Mensch steht und nicht Kollektive, organisierte Sonder- oder Staatsinteressen: *„Je größer das Unheil ist, das in unserer Zeit durch die 'soziale Technik' des Sozialismus, d.h. durch Planwirtschaft, Sozialisierung Erschütterung des Eigentums und umfassenden Wohlfahrtsstaat angerichtet worden ist, ... um so entschiedener muß das Bekenntnis gegen die sozialistische und für die liberale Art der wirtschaftlichen Ordnung ausfallen.*"

Carlos A. Gebauer: Warum wir alle reich sein könnten. Und wie unsere Politik das verhindert, Grevenbroich 2008.
Möchten Sie schmunzeln und lachen, auch wenn Ihnen angesichts der bundesdeutschen Bürokratisierung aller Lebensbereiche eher zum Heulen zumute ist oder Sie vor blanker Wut die Faust in der Tasche ballen? Dann greifen Sie zu Carlos A. Gebauers Aufklärungslektüre. Hier können sie in einem immer wieder zugespitzten Text beim Lesen Dampf ablassen und auch widersprechen. So

stellt der Duisburger Rechtsanwalt fest: „*Staatliche Verwaltung war nämlich noch nie effektiv*“ und fragt, ob Sie eine einzige Behörde kennen, die verschiedenartige Dienstleistungen in Indien, Europa und Vorderasien organisiert. Vernichtend fällt das Urteil des Gesundheitsexperten über die "Gesundheitsplanwirtschaft" aus: „*Weder juristische, noch ökonomische, historische, medizinische, noch verwaltungstechnische, noch gar ethische Gründe lassen sich bei exakter Betrachtung dafür anführen, diesen fleiß- und reichtumverschlingenden Koloss zu erhalten.*“

Horst Siebert: Jenseits des Sozialen Marktes. Eine notwendige Neuorientierung der deutschen Politik. München 2005.
„*Im Laufe der letzten 40 Jahre ist Deutschland im Bereich seiner wirtschaftlichen Steuerung einem Irrweg gefolgt.*“ So lautet die Botschaft des früheren Präsidenten des Instituts für Weltwirtschaft in Kiel, der zudem von 1990 bis 2003 Mitglied des Sachverständigenrates war. Das Steuerungsproblem durchdringt alle Bereiche des deutschen Wirtschaftssystems, wie Siebert in 14 Kapiteln vom Arbeitsmarkt über die sozialen Sicherungssysteme, die Gütermärkte und den Umweltschutz bis zur Finanzpolitik aufzeigt. Die deutsche Wirtschaftsordnung befindet sich in einem traurigen Zustand. Die Lektüre der durch die Politik verschuldeten Fehlentscheidungen, vor allem der eklatante Mangel an Vernunft, machen wütend.

Reform-Perspektiven

Perspektivwechsel: Kleine Philosophie der Freiheit

Ein Perspektivwechsel erleichtert vielfach den Blick für die Realität und auf diese Weise zugleich eine aussagekräftige Diagnose. Der nachfolgende Schritt dürfte für einige Leser gewöhnungsbedürftig sein, schließlich tritt an die Stelle der üblichen Kollektivgrößen wie „der" Staat oder „die" Gesellschaft der einzelne Mensch. Im Mittelpunkt steht ein wunderbarer kleiner Film, den man sich auf der Internetseite Jonathan Gullible[24] über die Philosophie der Freiheit ansehen kann. Die mit Strichmännchen illustrierte Geschichte, eher eine universale Botschaft, lautet wie folgt:[1]

> *Die Philosophie der Freiheit basiert auf dem Prinzip des Selbsteigentums. Du besitzt Dein Leben. Das zu leugnen bedeutet, dass eine andere Person einen höheren Anspruch auf Dein Leben hat als Du selbst. Weder gehört Dein Leben einer anderen Person oder Gruppe von Personen, noch gehört Dir das Leben anderer Menschen.*
>
> *Du existierst in der Zeit: in Zukunft, Gegenwart und Vergangenheit. Das manifestiert sich in Deinem Leben, Deiner Freiheit und dem Produkt aus Deinem Leben und Deiner Freiheit. Dein*

---

[24] Geschrieben von Ken Scholland, produziert von Lux Lucre – www.jonathangullible.com

Leben zu verlieren, heißt Deine Zukunft zu verlieren. Deine Freiheit zu verlieren heißt, Deine Gegenwart zu verlieren. Und das Produkt Deines Lebens und Deiner Freiheit zu verlieren, heißt, den Teil Deiner Vergangenheit zu verlieren, der es hervorgebracht hat.

Ein Produkt Deines Lebens und Deiner Freiheit ist Dein Eigentum. Eigentum ist die Frucht Deiner Arbeit und das Produkt Deiner Zeit, Talente und Energie. Eigentum ist derjenige Teil der Natur, den Du in ein nutzbares Gut verwandelst. Eigentum ist Eigentum anderer Menschen, die es Dir im freiwilligen Tausch bei gegenseitiger Zustimmung überlassen haben. Zwei Menschen, die Eigentum freiwillig austauschen, stellen sich beide besser, oder sie würden es nicht tun. Nur sie können diese Entscheidung rechtmäßig für sich treffen.

Hin und wieder benutzen manche Menschen Zwang oder Betrug, um von anderen ohne deren freiwillige Zustimmung zu nehmen. Der Einsatz von Zwang oder Betrug, um Leben zu nehmen, heißt Mord, um Freiheit zu nehmen, Sklaverei, und um Eigentum zu nehmen, Diebstahl. Es macht keinen Unterschied, ob diese Taten von einer Person begangen werden, die allein handelt, von Vielen, die sich gegen Wenige richten, oder sogar von Staatsvertretern mit schönen Hüten.

Du hast das Recht, Dein Leben, Deine Freiheit und Dein mit Recht erworbenes Eigentum gegen die gewaltsame Aggression anderer zu beschützen. Und Du kannst andere zur Verteidigung um Unterstützung bitten. Aber Du hast kein Recht, den Einsatz von Zwang gegen Leben, Freiheit und Eigentum anderer zu fordern. Folglich hast Du auch kein Recht, eine Person zu ernennen, die den Einsatz von Zwang für Deine Zwecke initiiert.

Du hast das Recht, Dir Führer zu suchen. Aber, Du hast kein Recht, anderen Herrscher aufzuzwingen. Es spielt keine Rolle, wie Regierungsvertreter bestimmt werden, sie sind nur menschliche Wesen und sie haben keine Rechte oder Ansprüche, die höher sind als die anderer menschlicher Wesen. Ungeachtet ihrer ideenreichen Etikette für ihr Verhalten oder der Zahl derer, die sie unterstützten. Regierungsvertreter haben kein Recht zu morden, zu versklaven oder zu stehlen. Du kannst Ihnen keine anderen Rechte geben als diejenigen, die Du selbst besitzt.

Seitdem Du Dein eigenes Leben besitzt, bist Du für Dein Leben verantwortlich. Du hast Dein Leben weder von anderen geliehen, die dafür Deinen Gehorsam verlangen, noch bist Du ein Sklave anderer, die Deine Selbstaufopferung verlangen. Du wählst Deine eigenen Ziele, die auf Deinen eigenen Wertschätzungen basieren. Erfolg und Scheitern sind beides notwendige Anreize, um zu lernen und zu wachsen. Deine Handlungen in Bezug zu anderen und ihre Handlungen in Bezug zu Dir sind nur tugendhaft, wenn sie Folge freiwilliger beiderseitiger Zustimmung sind. Denn Tugend kann nur dort existieren, wo es eine freie Wahl gibt. Das ist die Grundlage einer wirklich freien Gesellschaft. Es ist nicht nur die praktischste und humanitärste Basis menschlichen Handelns, sondern auch die ethischste.

Für Probleme in der Welt, die durch den Einsatz von Zwang durch Staatsführungen entstehen, gibt es eine Lösung. Die Lösung lautet, dass die Menschen der Erde aufhören müssen, Angehörige von Staatsführungen zum Einsatz von Zwang für ihre Zwecke aufzufordern.

Übel entsteht nicht nur durch böse Menschen, sondern durch Menschen, die den Einsatz von Zwang zum eigenen Nutzen tolerieren. Auf diese Weise haben gute Menschen in der Geschichte schlechte Menschen ermächtigt.

Vertrauen in eine freie Gesellschaft zu haben bedeutet, das Entdeckungsverfahren auf dem Marktplatz der Werte zu konzentrieren, statt sich auf einige auferlegte Visionen oder Ziele zu beschränken. Der Einsatz von staatlichem Zwang, um anderen

Visionen zu oktroyieren, ist intellektuelle Faulheit und hat typischerweise unbeabsichtigte, perverse Folgen.

Die Errichtung einer freien Gesellschaft erfordert Mut zu denken, zu sprechen und zu handeln. Besonders wenn es einfacher ist, nichts zu tun.

Die Philosophie des demokratischen Wohlfahrtsstaates

Wer die Philosophie der Freiheit konsequent der des demokratischen Wohlfahrtsstaates gegenüberstellt, dürfte erschrecken. Die Philosophie des demokratischen Wohlfahrtsstaates basiert auf dem Prinzip des sozial verpflichteten Handelns:

Du besitzt zwar Dein Leben. Aber die Regierung kann Dein Leben manchmal einsetzen, um höhere als Deine persönlichen Ziele anzustreben, etwa die Verteidigung nationaler Interessen in der Welt. Du besitzt zwar einen freien Willen. Aber die Regierung darf Dein Handeln beschränken und lenken, damit es sozial gerecht wird und so dem übergeordneten Gemeinwohl dient. Du besitzt zwar Dein Eigentum. Aber die Regierung kann über einen erheblichen Teil Deines Eigentums beziehungsweise seine Verwendung verfügen. Zugleich darfst Du auf die Regierung Einfluss nehmen, um das Handeln und das Eigentum anderer Menschen auch gegen deren Willen für das Gemeinwohl oder für Deine Zwecke und zum Nutzen Deiner Organisation zu verwenden. Eigentum verpflichtet!

Dieses Verhalten heißt in Deutschland offiziell „Soziale Marktwirtschaft" und ist sozial gerecht. Das zu leugnen oder zu kritisieren bedeutet, dass Du Dich politisch unkorrekt verhältst und randständige, radikale oder unsoziale Positionen vertrittst.

Gutes Eigentum ist öffentliches Eigentum. Privateigentum ist wichtig, aber nur in Maßen und in durch Gesetze geregelten

Grenzen. Die öffentliche Umverteilung von Eigentum ist sozial gerecht. Der private Tausch von Eigentum beruht überwiegend auf Gier und macht meistens einen Tauschpartner zum Verlierer. Der Staat weiß in der Regel besser, wie Eigentum oder ein Teil Deines Eigentums am besten verwendet werden sollte.

Grundsätzlich ist Zwang, der durch Gesetze legitimiert werden sollte, notwendig. Erst dann kann Eigentum der richtigen Verwendung zugeführt werden; das gilt insbesondere für öffentliche Güter, Deine soziale Sicherheit, die Unterstützung von sozial Benachteiligten sowie Investitionen in die Zukunft. Deine Freiheit muss eingeschränkt werden, sonst gibt es keine Sicherheit.

Die Einschränkung Deiner Freiheit und Beschränkung der Verwendung Deines Eigentums nennt man Sozial- oder Wohlfahrtsstaat. Der Wohlfahrtsstaat ist demokratisch. Demokratisches Handeln ist gut. Du bist wie Deine Mitmenschen schwach und musst geschützt werden. Der Wohlfahrtsstaat schützt Dich, gibt Dir soziale Sicherheit und sorgt für Chancengleichheit. Damit ist der Wohlfahrtsstaat in der Geschichte der Menschheit die bisher moralischste Gesellschaftsform.

Es ist ein großer Unterschied, ob private Personen oder Angehörige der Regierung einschließlich der staatlichen Bürokratie sowie von Organisationen und Verbänden, darunter Gewerkschaften und Kirchen, Dir Dein Eigentum nehmen oder derartige Forderungen stellen. Vertreter öffentlicher Interessen setzen sich stets für das Gemeinwohl ein, während Du nur Deine persönlichen Interessen verfolgst. Du kannst allerdings Personen demokratisch legitimieren, Zwang für Deine sozial gerechten Anliegen einzusetzen, insbesondere wenn andere Menschen nicht so handeln, wie es die Mehrheitsmeinung wünscht.

Demokratisch gewählte Personen des öffentlichen Rechts haben Sonderrechte und berechtigte Ansprüche, die andere

Menschen nicht haben. Bundestagsabgeordnete in Deutschland haben sich zum Beispiel eine lebenslange Pension verdient, wenn sie acht Jahre an der Umsetzung des Volkswillens mitgewirkt haben; außerdem genießen sie strafrechtliche Immunität. Dafür tragen sie große politische Verantwortung.

Du bist für Dein Leben nur bedingt verantwortlich, solange keine Chancengleichheit herrscht. Deshalb hast Du eine Vielzahl von Rechten, für deren Kosten der Staat aufkommt. Solltest Du einmal scheitern, hilft Dir der Staat. Die Regierung bemüht sich, diese Rechte auszuweiten und alle Menschen so gleich wie möglich zu machen. Dafür solltest Du als Staatsbürger gehorsam die Gesetze beachten, auch wenn Sie Dir nicht immer plausibel erscheinen und manchmal etwas bürokratisch sind.

Deine Handlungen sind dann tugendhaft, wenn sie politisch korrekt sind, wenn Du altruistisch motiviert bist, wenn Du es gut gemeint hast und eine soziale Einstellung hast, wenn Du sozial verträglich, sozial verantwortlich und sozial ausgewogen handelst, kurzum wenn Du sozial denkst, empfindest und handelst. Dann bist Du Teil einer gelebten, wirklich sozial gerechten Gesellschaft.

Für alle Probleme in der Welt gibt es eine Lösung. Die Lösung lautet, dass der Staat die Menschen in allen Lebenslagen beschützen soll, für Ausgleich und gesellschaftlichen Frieden sorgt und wann immer es erforderlich ist, Menschen auf den Pfad der Tugend führt. Sozialpolitik und eine stetig verfeinerte soziale Gesetzgebung sind hierbei wichtige Stützen. Die europäischen Regierungen und die EU streben gleiche Sozialstandards in Europa an. Ziel ist es aber, gleiche Rechte und Lebensbedingungen für alle Menschen auf der Erde zu verwirklichen.

Eine freie Gesellschaft birgt viele Gefahren. So ist eine freie Marktwirtschaft tatsächlich eine schrankenlose Marktwirtschaft, die nur den Reichen Vorteile auf Kosten der Armen verschafft. Der Kapitalismus führt zu Wirtschaftskrisen. Die Experten in Regierung, Bürokratie und Wissenschaft wissen am besten, was zum Wohl der Allgemeinheit zu tun ist. Sich an ihren Vorgaben zu orientieren und ihren Zielen zu folgen, hilft das Chaos zu organisieren, bringt Gutes hervor und sorgt für ein harmonisches Miteinander.

Die Errichtung einer sozial gerechten Gesellschaft ist noch nicht erreicht, mit dem demokratischen Wohlfahrtsstaat sind wir aber schon ein gutes Stück vorangekommen. Es bleibt aber noch viel zu tun. Wirke mit! Sei Teil des gemeinsamen Projekts!

Freiheit, Recht und Sicherheit im Konflikt – Ordnungspolitik als Kompass[25]

Freiheit und Sicherheit sind konkurrierende Werte. Die Deutschen ziehen regelmäßig Sicherheit der Freiheit vor. Der Freiheitsindex Deutschland misst jährlich die Wertschätzung der Freiheit in der Bundesrepublik Deutschland und kommt 2013 zu dem Ergebnis, dass Freiheit gegenüber konkurrierenden Werten wie Gleichheit, Gerechtigkeit oder Sicherheit ins Hintertreffen geraten ist. Ein ähnliches Bild bietet eine Repräsentativumfrage im Auftrag der Herbert Quandt-Stiftung 2012: Zwar „*genießt die Freiheit auf abstrakter Ebene großes Ansehen.*" Sobald man „*die Bevölkerung jedoch mit konkreten Situationen konfrontiert, in denen eine*

---

[25] Grundlage ist der Vortrag „Freiheit, Recht und Sicherheit im Konflikt – Ordnungspolitik als Kompass", gehalten auf der 34. Wirtschaftsphilologentagung in Passau 2013.

Entscheidung zugunsten der Freiheit oder zugunsten eines konkurrierenden Ziels gefällt werden kann, entscheiden sich bemerkenswert viele Deutsche gegen die Freiheit.“ Kann es Sicherheit ohne Freiheit geben? Und was ist Sicherheit ohne Freiheit wert?

Die Herrschaft des Rechts soll Freiheit sichern. Was bedeutet das konkret? Gesetze sind nicht identisch mit Recht, und Gesetze schützen nicht per se Freiheit – das zeigt die deutsche Geschichte eindringlich. Recht soll zudem Sicherheit bewirken, zuvorderst den Schutz von Leib, Leben und Eigentum. Darüber hinaus dient Recht aber auch der Sicherheit oder Stabilisierung von Erwartungen, die wir dem Handeln anderer Menschen entgegenbringen. Idealerweise unterstützt Recht das selbstständige, eigenverantwortliche Handeln von Menschen im Austausch mit anderen.

Der im Alter von 102 Jahren am 2. September 2013 verstorbene Ökonom und Nobelpreisträger Ronald Coase hat gezeigt, dass es sogar in komplexen Situationen ausreichend ist, wenn der Staat Eigentumsrechte definiert und schützt, während die Menschen selbstverantwortlich handeln. Im Coase-Theorem können zwei Nachbarn bekanntlich das Problem externer Effekte wie folgt lösen: Der eine möchte grillen, aber der Wind treibt Rauch und Grillgeruch auf die Terrasse des andern Nachbarn. Nun kann der betroffene Nachbar dem anderen eine Flasche Wein als Kompensation anbieten, wenn er auf das Grillen verzichtet. Eine private Verhandlungslösung ist möglich. Umgekehrt funktioniert die Lösung auch, wenn derjenige, der grillt, dem Nachbarn eine Flasche Wein als Kompensation für das Grillen anbietet.

Ordnungspolitik ermöglicht eine rechte Balance von Freiheit und Sicherheit; sie kann als Kompass dienen. Ein regelmäßiger Blick auf die Ordnung von Wirtschaft und Gesellschaft erweitert nicht nur den Horizont, sondern ermöglicht prinzipientreue Entscheidungen für eine pluralistische Gesellschaft. Ein Kompass hilft besonders dann, wenn wir in krisenhaften Situationen den Blick für den richtigen Weg verloren haben. Prinzipientreue ist dafür unerlässlich. Sonst gilt, was der deutsche Rapper Prinz Pi singt: „*Bob Dylan gab mir einst einen*

Kompass ohne Norden. Jetzt treibe ich verloren in ein unbekanntes Morgen.“ Der Blick für das Ganze bewahrt uns davor, den sprichwörtlichen Wald vor lauter Bäumen nicht zu sehen oder die falschen abzuhacken.

Friedrich August von Hayek hat sehr grundsätzlich zwischen der gemachten und der spontanen Ordnung, zwischen Taxis und Kosmos, unterschieden:

„*Es stehen verschiedene Ausdrücke zur Verfügung, um jede Art von Ordnung zu bezeichnen. Die gemachte Ordnung, die wir auch schon als eine exogene Ordnung oder eine Anordnung bezeichnet haben, kann auch als eine Konstruktion, eine künstliche Ordnung oder, besonders wo wir es mit einer gelenkten sozialen Ordnung zu tun haben, als eine Organisation beschrieben werden. Die gewachsene Ordnung andererseits, die wir sich-selbst-erzeugend oder endogen genannt haben, wird am besten als eine spontane Ordnung bezeichnet. Das klassische Griechisch war in einer glücklicheren Situation, da es verschiedene einzelne Wörter für die beiden Arten von Ordnung zur Verfügung hatte, nämlich Taxis für eine gemachte Ordnung, wie etwa eine Schlachtordnung und Kosmos für eine gewachsene Ordnung, ein Ausdruck, der ursprünglich ‘eine richtige Ordnung in einem Staat oder in einer Gemeinschaft’ bedeutet.*“

Konstruierte, künstliche Ordnung versus sich selbst erzeugende Ordnung – das ist das zentrale Thema, das Wohlfahrtsstaat und eine freie Gesellschaft unterscheidet und darüber hinaus die Betrachtung von zweierlei Arten Recht ermöglicht (top down und bottom up). Mit dem heute vielfach verloren gegangenen Blick – eben der Ordnungsperspektive – lässt sich auch die Europa- und Euro-Politik analysieren und bewerten. Ordnungspolitik bietet gerade hier einen Kompass, um Freiheit, Recht und Sicherheit (wieder) in Einklang zu bringen.

Ordnungspolitik ist nicht neutral, der Begriff nicht beliebig dehnbar. Die „Gründerväter“ der Ordnungspolitik strebten nach einer menschenwürdigen Ordnung der Freiheit, der Herrschaft des Rechts und der Gerechtigkeit, nach einer subsidiären Gesellschaft mit großer Selbstverantwortung und Entmachtung. Vielfalt und Verwurzelung – im eigenen Grund und Boden sowie in Familie, Nachbarschaft und einem friedlich vereinten Europa. Interessanterweise geht diese prinzipielle Perspektive in "*Wohlstand für alle*" auf. Das liegt daran, dass die sich selbst erzeugende Ordnung ungemein mehr Wohlfahrt und Wohlstand erbringt als die konstruierte. Der theoretische Nachweis hierfür liegt seit 1920 mit dem Aufsatz „Die Wirtschaftsrechnung im sozialistischen Gemeinwesen“ von Ludwig von Mises und seinem anschließenden Buch „Die Gemeinwirtschaft“ vor[26].

Wo stehen wir heute? Welche Herausforderungen gilt es zu meistern? Und auf welche Prinzipien können wir uns berufen? Darauf bietet Ordnungspolitik als Grundlage für Freiheit, Recht und Sicherheit Antworten. Einige Überlegungen werden nachfolgend skizziert – im Sinne einer Serie begrenzter Schnappschüsse.

Welche Freiheit? Plädoyer für die Freiheit!

Freiheit und Selbstverantwortung gehören stets zusammen. Das eine ist nicht ohne das andere denkbar. Das gilt für Unternehmen, Volkswirtschaften, Politik, Menschen im Alltag. Einer der meistgelesenen Management-Autoren Deutschlands, Reinhard K. Sprenger, formulierte es so: *„Ich möchte Ihnen einen Gedanken zumuten ... Dieser Gedanke lautet: Sie haben Ihr Leben, so wie es jetzt ist, frei gewählt. Diesen Alltag, diesen Job, diesen Partner (oder auch ihr Single-Dasein) – all das und alle anderen Umstände sowie Begleitumstände Ihres Lebens: Sie haben sie gewählt. Dafür sind Sie verantwortlich. Und nur Sie. ... Mit jeder Wahl sind aber zwangsläufig bestimmte Auswirkungen verbunden, die wir gleichzeitig mitwählen. Es gibt keinen Trick in der Welt, der es uns erlaubt, diesen Konsequenzen*

---

[26] Ludwig von Mises: Die Wirtschaftsrechnung im sozialistischen Gemeinwesen, Archiv für Sozialwissenschaft und Sozialpolitik 47 (1920), S.86-121; derselbe: Die Gemeinwirtschaft. Untersuchungen über den Sozialismus, (Erstauflage 1922) unveränderter Nachdruck der zweiten Auflage von 1932, Lucius & Lucius Verlag, Stuttgart 2007.

auszuweichen. Aber genau das scheinen alle zu erwarten. Und wenn das nicht gelingt, nicht gelingen kann, fangen sie an zu jammern." Das sollte auch für systemrelevante Banken und die Automobilbranche gelten.

Positive Freiheit: Freiheit ist Voraussetzung für Leben – Freiheit ist der Schlüssel für Lebensfreude! Lebensfreude macht das Leben lebenswert. Ihre Quellen sind vielfältig. Über manches kann man sich kollektiv freuen. Wir teilen und schenken Freude, freuen uns mit anderen, aber Freude entspringt aus unserem Innersten.

Freiheit bedeutet Vielfalt. Freiheit beinhaltet Wahlmöglichkeiten. Freiheit ist vor allem die Freiheit zu handeln, selbst zu entscheiden. Ohne Freiheit ist Leben zwar möglich, in Gefangenschaft, stumpfer Abhängigkeit, aber nur als vegetieren. Erst Freiheit ermöglicht Lebenschancen. Das Leben bietet viele Chancen. Manchem fallen sie in den Schoß, andere müssen sie sich erarbeiten. Selten bedeuten Chancen einfach Lebensfreude. Aber Lebensfreude scheint ohne Freiheit chancenlos zu sein.

Negative Freiheit: Europa war immer Vielfalt. Die Geschichte Europas ist nicht zuletzt eine Geschichte der Freiheit, des Ringens um individuelle Freiheit und um Freiheit vom Staat. Nicht Gleichheit, sondern Unterschiede ermöglichen Freiheit; das ist eine historische Lehre. Statt zentraler Vorgaben in Lebensdetails, gesteuert vom „*Sanften Monster Brüssel*",[27] brauchen die Menschen in Europa Bewegungsfreiheit im weitesten Sinne und damit maximale Subsidiarität, also einen Aufbau Europas von unten nach oben, Gemeindefreiheit nannte das der Schweizer Universalhistoriker Adolf Gasser. Subsidiarität bedeutet: von den Wurzeln her. Prinzipiell zuständig ist die unterste mögliche, die kleinstmögliche Stufe. Das bedeutet auch, jedes kollektive Handeln muss auf den einzelnen Menschen zurückgeführt werden. *Wer soll Maßstab sein: handlungs-*

[27] Hans Magnus Enzensberger: Sanftes Monster Brüssel oder die Entmündigung Europas, Suhrkamp Verlag, 2011.

fähige Regierungen oder handlungsfähige Bürger? Damit rücken die kleinen Einheiten in den Mittelpunkt und der Wettbewerb um besonders gute Lebensbedingungen.

Heute sind einmal mehr liberale Bürgerrechte in Gefahr. Das Anti-Diskriminierungsgesetz schneidet zum Beispiel tief in die Privatautonomie ein und hebt die Vertragsfreiheit auf. Diskriminierung ist hier verboten, Bevorzugung der diskriminierten Gruppen aber erlaubt. Wo liegt der Unterschied zwischen der Harmonisierung der Lebensbedingungen und dem Ziel eine egalitäre Gesellschaft zu schaffen?

Freiheitsrechte waren immer auch Abwehrrechte gegen den Staat. Der große Europäer Wilhelm von Humboldt hat dies eindringlich in seinen fulminanten Überlegungen über die Wirksamkeit der Grenzen des Staates[28] aufgezeigt. Er kam bei seiner Untersuchung des Polizeistaats, damit ist der regulierende Staat des 18. Jahrhunderts gemeint, bekanntlich zu dem Ergebnis, dass die Aufgabe des Staates der Schutz von Leib, Leben und Eigentum ist – nicht mehr, aber auch nicht weniger. Gerechtfertigt ist nur der Minimalstaat. Mit Wilhelm von Humboldt ist der liberale Gedanken der Toleranz, der Persönlichkeit, der Freiheit und des Rechtes verknüpft.

Positive und negative Freiheit: Im alltäglichen Ringen um Freiheit vom Staat und angesichts der Versprechungen von Freiheit durch den Staat droht etwas wesentliches in Vergessenheit zu geraten: Die Freiheit ist in Dir! Nicht der Staat gibt Freiheit. Freiheit wird zwar zuweilen errungen, selten geschenkt. Wir finden Freiheit aber zuallererst in uns – genauso wie Freude und Glück.

Eine wichtige Voraussetzung ist mit Peter Bieri erfüllt, „*wenn es uns gelingt, im Handeln, im Denken, Fühlen und Wollen der zu sein, der wir sein möchten.*“ Das bedeutet nichts anderes als ein selbstbestimmtes

[28] Wilhelm von Humboldt: Ideen zu einem Versuch, die Grenzen der Wirksamkeit des Staates zu bestimmen, Stuttgart 2002.

Leben zu führen. Sobald das Bild von uns selbst mit der Realität übereinstimmt, sind wir dem nahe. Dann ist uns die proportionierlichste Bildung der Kräfte zu einem Ganzen im humboldtschen Sinne gelungen. Selbstbestimmung setzt zunächst innere Unabhängigkeit voraus. Dafür gilt es, sich um sich selbst zu kümmern. Eigene Irrtümer und Wünsche zu erkennen. Die Verbindung zur guten Lebensenergie, die stets vorhanden ist, immer wieder aufzubauen. (Selbst)Bildung ist dafür ein wesentlicher Schritt. Dann können wir das Glück der Freiheit spüren. Und zusammen mit anderen Menschen erleben.

Wilhelm von Humboldt mahnt uns: „*Der wahre Zweck des Menschen, nicht der, welchen die wechselnde Neigung, sondern welche die ewig unveränderliche Vernunft ihm vorschreibt, ist die höchste und proportionierlichste Bildung seiner Kräfte zu einem Ganzen. Zu dieser Bildung ist Freiheit die erste und unerläßliche Bedingung.*"

Freiheit ist eine Frage des Rechts

Freiheit ist offensichtlich nicht nur eine moralische, ökonomische und politische Kategorie, ihr Gebrauch ist vielmehr – zuerst und zuletzt – eine Frage des Rechts. „*Und unter dem Gesetz der Gerechtigkeit, unter der Herrschaft des Rechts, unter dem Einfluss der Freiheit, der Sicherheit, der Stabilität, der Verantwortung, wird jeder Mensch zu seinem vollen Wert kommen, zu vollen Würde seines Wesens, und die Menschheit wird mit Ordnung, mit Ruhe – ohne Zweifel langsam – aber mit Gewissheit den Fortschritt vorantreiben, der ihre Bestimmung ist.*" urteilte der französische Publizist und Politiker Frédéric Bastiat in der ersten Hälfte des 19. Jahrhunderts. Sein älterer Zeitgenosse, Wilhelm von Humboldt, hält nur abstrakte allgemeine Regeln, die auf Sicherheitsbelange gerichtet sind, für eine Aufgabe des Staates, d. h. der Staat ist letztlich nur dann zuständig, wenn die Rechte anderer missachtet werden.

Mit der Herrschaft des Rechts ist in klassischer Lesart die Begrenzung der Staatsgewalt zur Sicherung der Freiheit und der Privatsphäre jedes einzelnen Bürgers gemeint. Freie Gesellschaften trennen strikt zwischen öffentlichem und privatem Bereich. Und die Bürger gehorchen nur dem allgemeinen Recht, nicht aber den Befehlen Einzelner. Karen Horn fasste die Herrschaft des Rechts prägnant zusammen: „*Gleichheit aller Menschen vor dem Gesetz, Schutz der Privatsphäre des Einzelnen vor Übergriffen Dritter, Trennung der Gewalten und Berechenbarkeit des staatlichen Handelns.*“

Zweifellos macht die Herrschaft des Rechts es unabdingbar, dass für staatliche Gesetze der Gleichheitsgrundsatz gilt. Die Gleichheit vor dem Gesetz ist eine tragende Säule jedweder Verfassung der Freiheit. Folglich kommt es darauf an, allgemeine Rechtsgrundsätze zu formulieren. Diese dürfen so wenig konkrete Einzelfälle wie möglich benennen. Nur dann können ungleiche Menschen gleich behandelt werden. Der Wettbewerb erfüllt beispielsweise den Grundsatz der Gleichbehandlung. Die Alternative hieße, ungleiche Menschen ungleich zu behandeln. Seit Immanuel Kants „Metaphysik der Sitten“ gibt es eine überzeugende Antwort auf die Frage, was Recht ist: „*Das Recht ist also der Inbegriff der Bedingungen, unter denen die Willkür des einen mit der Willkür des andern nach einem allgemeinen Gesetze der Freiheit zusammen vereinigt werden kann.*“ Und Freiheit ist stets individuelle Freiheit. Die Freiheit des Einzelnen hat Vorrang und findet ihre Grenze in der Freiheit des anderen Individuums. Vereinigt werden beide eben unter allgemeinen Rechtsgesetzen.

Damit ist auch eine schlüssige Definition von Gerechtigkeit gegeben, nämlich: „*Eine jede Handlung ist recht, die oder nach deren Maxime die Freiheit der Willkür eines jeden mit jedermanns Freiheit nach einem allgemeinen Gesetze zusammen bestehen kann.*“ Mit anderen Worten: gerecht sind nur Handlungen, und zwar solche, die im Einklang mit allgemeinen Rechtsgesetzen stehen, die jedermanns Freiheit schützen und abgrenzen. Ergebnisse menschlichen Handelns können indes nicht gerecht sein, auch wenn sie heute fälschlicherweise als (sozial) gerecht bezeichnet werden. Das Ergebnis einer Handlung, z.B. einer Vereinbarung, kann gut oder schlecht sein, aber nicht gerecht oder ungerecht.

Stationen einer Verfassung der Freiheit gehören zum Wesen des Westens

„*Was ist der Westen?*“ fragte der französische Philosoph Philipp Nemo und nannte in seinem gleichlautenden Werk folgende Meilensteine als Antwort: Der griechischen Antike verdanken wir die „*Rule of law*“ anstelle einer „*Rule of men*“, der römischen Antike die Schaffung der *Privatperson* und des *Privateigentums* durch das römische Recht. Die Päpstliche Revolution des Mittelalters hat der säkularen Herrschaft Grenzen gesetzt. Seit den demokratischen Reformen und Revolutionen vom 17. bis zum 19. Jahrhundert unterscheidet sich der Westen, der vor allem Europa ist, in Politik, Wirtschaft, Kultur und Gesellschaft durch das Streben nach der Verwirklichung einer spontanen gesellschaftlichen Ordnung, einer Ordnung der *Vielfalt und Freiheit*, vom Rest der Welt. In ihrem Mittelpunkt steht die Marktwirtschaft. Der Staat ist nur dann legitim, „*wenn er nicht länger einen Absolutheitsanspruch erhebt und wenn er sich mit einem instrumentellen Status zufriedengibt. Das ist die Grundlage der Demokratie.*“ betont Nemo.

Das „Kleine Lesebuch über die Verfassung der Freiheit“[29] beginnt mit Solon von Athen, der mit seinen Reformen den okzidentalen Rechtsstaat begründete und den Grundstein für die Demokratie legte. Es gelang ihm zeitweise die *Eunomia* – die gute Ordnung der Herrschaft des Rechts – wieder zu beleben. Zu den weiteren Meilensteinen zählt auch Johannes Althusius, der das verfassungs-rechtliche Denken begründete. John Locke definierte die Staatsaufgabe als Schutz von Leib, Leben und Eigentum. Wilhelm von Humboldt befürwortete den Minimalstaat. Adolf Gasser plädierte für Gemeindefreiheit in Europa. Friedrich August von Hayek und James Buchanan haben wegweisende Verfassungsmodelle und Verfahrensregeln entworfen. Indes wartet eine Verfassung der Freiheit in Europa auf ihre Verwirklichung.

---

[29] Kleines Lesebuch zur Verfassung der Freiheit, ausgewählt, eingeleitet und kommentiert von Michael von Prollius, Liberal Verlag 2008.

Recht und Gesetz sind nicht identisch

Heute ist die Auffassung weit verbreitet, allein der Gesetzgeber setze Recht. In Deutschland gibt es hierfür zumindest zwei Faktoren: Der eine ist die Zugehörigkeit zur kontinentaleuropäischen Rechtstradition, die auf dem Römischen Recht fußt und sich vom angelsächsischen Recht, dem „*Common law*", seit Heinrich II. oder Heinrich VIII. grundsätzlich unterscheidet. Der andere ist, dass Gesetzgebung als schnelles Mittel zur Abwehr von allen möglichen Übeln gilt, vom Mangel an Kitaplätzen bis zum Klimaschutz als Versuch, die Erde abzukühlen. In Deutschland gibt es nach jüngsten Angaben der Neuen Zürcher Zeitung 1.660 Bundesgesetze und 2.661 Rechtsverordnungen; hinzu kommen 3.756 europäische Verordnungen und 901 Richtlinien. In einer aktuellen rechtswissenschaftlich fundierten Publikation ist von rund 20.000 Rechtsakten in der Europäischen Union die Rede und geschätzten 5.000 Bundesgesetzen in Deutschland mit einer zusätzlichen Vielzahl von Einzelvorschriften. „*Inflationäre Gesetzgebung*" hat der italienische Rechtsphilosoph Bruno Leoni derartiges Regierungshandeln genannt. Mit der wachsenden Komplexität unserer Welt im Zuge fortschreitender Wissenschaft und Technologie hat das nichts zu tun. Vielmehr haben wir es inzwischen mit grundsätzlich anderen (Rechts-)Prinzipien und einem Wandel des Bildes vom Bürger zu tun.

Tatsächlich geht Recht Gesetzen voraus. Recht ist umfassender als nur das (kodifizierte) Recht in Form von Gesetzen. Zum Recht gehören auch Verhaltensregeln, Sitten und Gebräuche, Traditionen und Gewohnheiten sowie Normen und Tabus. Friedrich August von Hayek bezeichnet diese Regeln als „*Regeln gerechten Verhaltens*". In ihnen sind die Erfahrungen von Generationen gespeichert. Ein Beispiel sind die 10 Gebote. Sie besagen, was man nicht tut, und ziehen so die Grenze zwischen erlaubt und nicht erlaubt, zwischen Mein und Dein. Wichtig ist, dass diese Regeln nicht entworfen wurden, sondern Ergebnis eines Entdeckungsverfahrens sind – von Versuch, Irrtum und verbessertem Versuch. Das ist der Unterschied zwischen Kosmos und Taxis.

Von nicht zu überschätzender Bedeutung ist der in unserer zuweilen als Neidgesellschaft bezeichneten Lebensweise weitgehend in Vergessenheit geratene Unterschied zwischen Horde und Gesellschaft. In einer Horde dominieren Instinkt und Konventionen, sie halten die kleine, überschaubare Gemeinschaft zusammen. Demgegenüber sind abstrakte Regeln für das Funktionieren einer anonymen Gesellschaft erforderlich. Statt solidarischem Teilen der Horde geht es bei Großgesellschaften um den Respekt für Privateigentum. Statt Vorgaben von Führern zu folgen, geht es um Wettbewerb als schöpferische Zerstörung. Bürgerliche Tugenden sind wieder gefragt, sie haben den Aufstieg der Zivilisation aus der Horde begründet.

Johann Braun, langjähriger Lehrstuhlinhaber für Zivilprozessrecht, Bürgerliches Recht und Rechtsphilosophie an der Universität Passau, hat in seinem lesenswerten Aufsatz „*Bürger und Verbraucher*" den mit der Errichtung des demokratischen Wohlfahrtsstaates verbundenen Wandel des Menschenbildes – und letztlich des Menschen selbst – im Bereich des Politischen aufgezeigt: Der freie, selbstständige Bürger sei durch den unselbständigen, täuschungs- und irrtumsanfälligen Verbraucher als Teil einer Massengesellschaft ersetzt worden.

Gesetze bilden nach Johann Braun lediglich die Oberfläche des Rechts ab. Das Recht wird aber durch das Verhalten von Menschen geprägt, es ist abhängig von einer Schicht, die es trägt. Bis 1900 war diese Schicht das Bürgertum, der Gesetzeshöhepunkt das Bürgerliche Gesetzbuch. Allerdings markiert das Jahr 1900 nicht nur den Höhepunkt, sondern auch die Epochenwende des bürgerlichen Zeitalters.

Die Masse bildete im 19. Jahrhundert den Widerpart zu Bürgertum. Es zählt zur Ironie der Geschichte, dass das Bürgertum durch die Revolution des Kapitalismus die Masse selbst hervorgebracht hat, die nun an seine Stelle tritt. Die Masse besteht aus einem Heer unselbständiger Arbeitnehmer. Trotz der ungleich vielfältigeren Lebensmöglichkeiten und des deutlich höheren Lebensstandards fehlt Johann Braun zufolge dem Arbeitnehmer alles, was einen Bürger im ursprünglichen Sinn ausmacht: „*das Bewusstsein der*

Selbstverantwortlichkeit, wie es nur ein Selbstständiger entwickeln kann, das Streben nach Unabhängigkeit, das Verlangen nach Bildung anstatt bloßer Ausbildung, die Überzeugung, dass Wissen, wenn man damit umzugehen weiß, Macht bedeutet." Demgegenüber wolle der Unselbständige vor allem versorgt sein; „*er will keine Chancen, wenn sie mit zusätzlichen Risiken verknüpft sind, er will nicht Freiheit, um etwas tun zu können, sondern Freizeit, um sich von dem Getanen zu erholen.*"

Dem trage das Verbraucherrecht Rechnung. Der Schutz vor Freiheit soll das zentrale Leitmotiv sein. Selbst der Kernbereich des bürgerlichen Rechts werde zum Verbraucher- also Schutzrecht zu Gunsten des Verbrauchers vor den Gefahren freier Märkte umgestaltet. Das gehe mit einer schwerwiegenden Veränderung des Rechtsbewusstseins einher, ohne dass diese etwa in der Rechtswissenschaft thematisiert werde. Zugleich tut sich für Braun ein großer Widerspruch auf: Das betrifft nicht nur die ungleiche Sicht auf das Individuum ohne und den Unternehmer mit Verantwortung. Vielmehr traut oder mutet man dem Individuum weit reichende politische Urteilsfähigkeit und Aufgaben zu. Im öffentlichen Recht gibt es, anders als im Verbraucherschutz, den Bürger noch, der als Stütze des politischen Systems über die Zusammensetzung des Parlaments national und übernational entscheidet, der Volksbegehren initiiert und für den Frieden in der Welt einsetzt.

Hinzufügen lässt sich Gerd Habermanns Bilanz, die er nach der historischen Untersuchung des Wohlfahrtsstaates seit den preußischen Königen zieht. Demnach mangelt es der modernen Wohlfahrtsgesetzgebung im Vergleich mit den königlichen Vorläufern an einer freiheitlichen Perspektive: „*Moderne Wohlfahrtsgesetzgebung will nicht zur 'Freiheit' erziehen; vielmehr geht sie von einer offenbar naturgegebenen, ja wachsenden Schwäche oder Unkenntnis des Individuums ... aus.*" Zu königlichen Zeiten diente die Reglementierung noch dazu, die Bürger an den Gebrauch ihrer eigenen Vernunft zu gewöhnen, urteilt der Initiator und Mitbegründer der Friedrich August von Hayek Gesellschaft. Heute sei der soziale Auftrag des Staates vollständig entgrenzt. Selbst normale, alltägliche Lebensrisiken wie Arbeitslosigkeit, darunter die Vermittlung neuer Arbeit und der Ersatz eines Einkommens im Falle des Arbeitsplatzverlusts, Krankheit, aber auch eine gesunde Lebensweise, fehlendes Einkommen im Alter und so weiter und so fort sind bekanntlich heute Kernaufgaben staatlicher Tätigkeit. Das gilt unabhängig vom individuellen Vermögen und Familienstand, Beruf und Branche, Alter und Wohnsitz. Jedermann, so Habermann, ist heute ein Schutzbefohlener des Wohlfahrtsstaates und seiner Einrichtungen.

Verfechter eines umfassenden Wohlfahrtsstaates sehen alle Menschen als tatsächlich oder potentiell hilfsbedürftig an. Und die Hilfe kann in dieser „Logik“ am besten der Staat leisten. Selbst bei den Eingriffen des Staates in die oben genannten persönlichen Belange eines jeden Menschen spielt in dieser Perspektive Hilfe zur Selbsthilfe keine Rolle. Das von Alexander Rüstow gern benutzte Bonmot „*Wenn Du Hilfe suchst, findest Du Sie am Ende Deines rechten Arms*“ muss vor dem Hintergrund des zuvor skizzierten Menschenbildes als geradezu menschenverachtend gelten.

Da Gesetze das Rechtsempfinden beeinflussen, stellt sich die Frage, in welche Richtung das heutige Rechtsempfinden die Gesetze treibt.

Euro-Krise: alles rechtens?

„*Die Verträge sind gemacht.*
Und es wurde viel gelacht.
Und was Süßes zum Dessert.
Freiheit, Freiheit, ist die einzige, die fehlt.“

Sie haben es erkannt – der Text stammt aus dem Erfolgslied mit Gänsehautfaktor von Marius Müller-Westernhagen.

Ganz so weit sind wir noch nicht, aber die politischen Reaktionen auf die von den Regierungen verursachte Finanzkrise stellen mehr als eine latente Bedrohung des Rechts dar. Und weil das so ist, lassen die

Textzeilen eine bittere Interpretation der ordnungspolitischen Lage Europas zu: Verträge sind gemacht, und dann wurde gelacht, gelocht, abgeheftet, um die Behördensprache in spöttischer Form zu verwenden. Der wichtigste Vertrag wurde noch dazu – ohne die Bevölkerung zu fragen – gemacht, oder aber es wurde so lange abgestimmt, bis das von der Regierung und der EU gewünschte Ergebnis erzielt wurde.

- Schon bei den Maastrichter Konvergenzkritierien für die Aufnahme in die Euro-Zone wurden wie prognostiziert beide Augen zugedrückt, die Kriterien anschließend von kaum einem Staat dauerhaft eingehalten und aufgeweicht. Das EU-Defizitverfahren sollte im Ausnahmefall Schuldensünder treffen; zwischenzeitlich hätte das Strafverfahren gegen 25 der 27 EU-Staaten laufen müssen.
- Auch gegen die sogenannte „No-Bailout-Klausel“ (Verbot des finanziellen Beistands nach Artikel 125 Lissabon Vertrag) wurde verstoßen: Keine Regierung darf für die Verbindlichkeiten einer anderen Regierung haften. Genau das geschieht aber im Paradebeispiel Griechenlands. Darüber hinaus wurde mit dem sogenannten Rettungsschirm (die gesamten Rettungsmaßnahmen umfassen fast 1,5 Billionen Euro) die als Stabilitätsgemeinschaft bezeichnete EU über Nacht faktisch in eine Transfer- und Haftungsgemeinschaft verwandelt.
- Schließlich darf die EZB von den Mitgliedsstaaten keine Schuldtitel erwerben (Artikel 123 AEUV) – tatsächlich nimmt die EZB sogenannte „Ramschpapiere“ als Sicherheiten an, sie leiht den Geschäftsbanken massenweise Geld und finanziert Regierungsausgaben (die Notenbanken von Deutschland, Frankreich und Italien kaufen Staatsanleihen zunächst von Griechenland, Portugal und Irland). Von Mai 2010 bis Anfang 2012 hat die EZB mehr als 220 Mrd. Euro für Anleihen von Griechenland, Portugal, Irland, Italien und Spanien ausgegeben.

Weil die EZB nur Staatsanleihen überschuldeter Mitgliedstaaten gekauft hat, haben 136 deutsche Wirtschaftsprofessoren in einem Aufruf am 11.09.2013 die *„monetäre Staatsfinanzierung“* als

„rechtswidrig und ökonomisch verfehlt“ kritisiert (und sich gegen einen anderen Ökonomen-Aufruf gestellt). Zudem mahnten sie: *„auch die EZB ist an Recht und Gesetz gebunden!“*

Euro-Krise: Herrschaft des Rechts statt von Männern und Frauen!

Paul Kirchhof zählt zu den bedeutenden deutschen Staats- und Verfassungsrechtlern. Der ehemalige Bundesverfassungsrichter mischt sich ein und hat etwas zu sagen – so in der Frankfurter Allgemeinen Zeitung am 12. Juli 2012 mit einer ganzseitigen, gestochen scharfen Mahnung, die Herrschaft des Rechts zu achten und vor allem diese Herrschaft wieder herzustellen.

Unter dem Titel „Verfassungsnot!“ legt Paul Kirchhof den Finger in die von Politikern und Bürokraten zugefügte Wunde: *„Die EU steckt in der Krise, weil Recht missachtet wurde. Und wir spielen weiter mit dem Feuer: Eine Instabilität des Rechts wiegt schwerer als eine Instabilität der Finanzen. Wer das nicht begreift, dem hilft auch keine Zentralgewalt mehr.“*

Wie lautet seine Argumentation?

- Der Ursprung der Finanzprobleme liegt im rechtswidrigen Handeln der Staatsführungen (Verstoß gegen Maastricht-Vertrag).
- Die Rückkehr zum Recht ist das Gebot der Stunde, nicht eine Fortsetzung der verfassungswidrigen Wohlfahrtspolitik (Elterngeld eingeschlossen).
- Ohne Recht gibt es keinen Frieden und kein Mandat für die Politiker; das gilt auch für alle EU-Institutionen.
- *„Verfassungsnot fordert Deutlichkeit: Eine Instabilität des Rechts wiegt schwerer als eine Instabilität der Finanzen.“* Wachstum und Prosperität müssen sich der Autorität des Rechts unterordnen. Das liegt nicht zuletzt daran, dass ein Rechtsbruch die Begründung für die Außerkraftsetzung der Rechtsbindung schafft.

- Die Wiederherstellung von Rechtssicherheit und Vertrauenswürdigkeit werde erschwert durch die Anmaßung der wirtschaftlichen Steuerung durch die Regierung (Stabilitätsgesetz von 1967/69), die Unfähigkeit Staatsschulden abzubauen und dem ruhelosen, alles vergemeinschaftenden Europa-Recht.

Für die Demokratie stelle sich angesichts intransparenter, verschrobener und fachlich unverständlicher Entscheidungssachverhalte die Frage, ob „*ein Volksvertreter, der das Volk im Wissen nicht zu vertreten mag, für das Volk entscheiden darf.*“ Die Entscheidungsmacht verschiebe sich vom Parlament zur Exekutive. Rechtsmaßstäbe werden Kompromissen geopfert. Kompromisse werden zum Kerngedanken der Demokratie erklärt.

Zu einem ähnlichen Ergebnis kommt ein Rechtsgutachten des Centrums für Europäische Politik (CEP): „*Euro-Rettungsschirm bricht EU-Recht und deutsches Verfassungsrecht*“. Es sieht in dem europäischen Finanzierungsmechanismus einen „*Paradigmenwechsel in der Ausgestaltung der Währungsunion*“ durch den Euro-Rettungsschirm, einen Bruch von EU-Recht (Art. 125 AEUV) durch den europäischen Finanzstabilisierungsmechanismus und einen Verstoß gegen deutsches Verfassungsrecht mangels Ermächtigung des deutschen Vertreters im Vorfeld durch den Bundestag.

Weil Freiheit heiße, sein Leben eigenverantwortlich gestalten zu dürfen, könne der Steuerzahler kein Finanzier privatwirtschaftlicher Fehlentscheidungen sein. Eine Zentralisierung des Haushalts- und Verschuldungswesens in Europa müsse sorgfältig erwogen werden. Eine Vergemeinschaftung des Rechts setze ein gemeinsames Rechtsverständnis voraus. Der Heidelberger Verfassungsrechtler schließt mit dem Aufruf: „*Integration heißt Werben für das Recht.*“

Sicherheit durch rechtes Handeln setzt Ordnungsdenken voraus

Sicherheit bezeichnet einen Zustand, der als gefahrenfrei oder frei von unvertretbaren Risiken, die Handeln und Dasein beeinträchtigen, gekennzeichnet ist. Sicherheit ist mit Überschaubarkeit, Gewohnheit und Bequemlichkeit verbunden. Sicherheit und Freiheit stehen in einem Spannungsverhältnis: Freiheit öffnet Handlungsspielräume und erweitert damit den Raum für Neues, Unüberschaubares, Ungewohntes, Herausforderndes – also für Unsicherheit. Recht dient dazu Sicherheit zu schaffen; der Begriff Rechtssicherheit kommt nicht von ungefähr. Indes gibt es hinreichend empirische Hinweise, in bestehendem Recht eine Quelle für das Schüren von Unsicherheit zu sehen. Das liegt auch daran, dass die Gesetzeslage derart unüberschaubar geworden ist, dass zuweilen allenfalls Experten rechtskonformes Handeln möglich ist.

Der Rechtsstaat steht im Spannungsfeld von Freiheit und Sicherheit, die beide zugleich von Bürgern erwartet werden, noch dazu als Leistung des Staates. Freiheit erfordert Zurückhaltung des Staates und rechte Rahmenbedingungen – Sicherheit wird auch über hoheitliche Aufgaben hinaus landläufig mit dem Eingriff des Staates verbunden. Bezeichnenderweise war 2009 ein Hit bei Jugendlichen das Stück der Gruppe Silbermond „Irgendwas bleibt“:

„Gib mir 'n kleines bisschen Sicherheit

In einer Welt, in der nichts sicher scheint

Gib mir in dieser schnellen Zeit

Irgendwas das bleibt

Gib mir einfach nur 'n bisschen Halt

Und wieg mich einfach nur in Sicherheit ...“

Ludwig von Mises brachte es wie folgt auf den Punkt: „*Wenn wir über Interventionismus sprechen, dann denken wir dabei an die Absicht des Staates, mehr zu tun, als nur Gewalt und Betrug zu verhüten. Interventionismus heißt, daß der Staat nicht nur darin versagt, den reibungslosen Ablauf der Marktwirtschaft zu garantieren, sondern daß er darüber hinaus auch noch in die verschiedenen Marktvorgänge eingreift. Er greift in die Bildung der Preise, Löhne, Zinsen und Gewinne ein.*“ Auf einzigartig anschauliche Weise hat Mises das mit dem Milch-Beispiel im Band „Vom Wert der besseren Ideen“ aufgezeigt[30].

Orientierung via Ordnungspolitik

Wohin führen die bisherigen Gedankenskizzen? Friedrich August von Hayek konstatierte bei seiner Nobelpreisrede: „*But from time to time it is probably necessary to detach oneself from the technicalities of the argument and to ask quite naïvely what it is all about.*“ Damit drängt sich der zentrale Aspekt der Ordnung in den Vordergrund. Ohne einen Kompass dürfte es schwerfallen, durch die facettenreichen Beziehungen von Freiheit, Recht und Sicherheit zu steuern. Und dieser Kompass sollte funktionsfähig sein.

Wilhelm Röpke, einer der gleichermaßen herausragenden wie vergessenen Gründerväter der Bundesrepublik Deutschland, beschrieb die zentrale Aufgabe des Staates wie folgt: „*Solange die Verkehrsregelung sich darauf beschränkt, die Bedingungen des Verkehrs – durch Prüfung der Fahrzeuge und der Fahrer, Festsetzung der Verkehrswege, Überwachung der Fahrordnung und Belehrung über das richtige Verhalten im Verkehr – mit der ganzen Strenge und Unbestechlichkeit der Staatsautorität festzulegen und zu wahren, erfüllt sie eine absolut notwendige Aufgabe, während es jedem einzelnen nach wie vor überlassen bleibt, ob und wie und wohin er fahren will.*“ Röpke spricht sich damit für breite Relevanz von Ordnungspolitik aus, spricht aber dem Staat ab, in das gesellschaftliche Geschehen der vielen Einzelnen einzugreifen.

Wie eingangs beschrieben gilt: *Ordnungspolitik* bezeichnet alle staatlichen Maßnahmen, die auf die Ordnung von Wirtschaft und Gesellschaft einwirken – also auf Regeln und Grundsätze des mensch-

[30] Ludwig von Mises: Vom Wert der besseren Ideen, München 2008; zudem bei Forum Ordnungspolitik einsehbar in der Broschüre Michael von Prollius: Sozialismus, die Wirtschaftsordnung ohne Privateigentum – und ohne Perspektive!, Fürstenberg 2010, 15-19.

lichen Zusammenlebens. Ordnungspolitik verändert die Rahmenbedingungen des Wirtschaftens, ja des Lebens insgesamt. Das liegt daran, dass Ordnungspolitik über Regeln die Anreize verändert, Dinge zu tun und zu lassen. Eine freiheitliche Ordnungspolitik macht die Freiheit des Einzelnen zum Ausgangspunkt aller Gestaltung und Weiterentwicklung. Mit der Freiheit des einzelnen Menschen sind Eigentum, Entscheidungsfreiheit und die Verantwortung für das eigene Handeln unauflösbar verbunden. Durch das Vertrauen der Liberalen in die Selbstständigkeit des Menschen, sein eigenes Leben am besten unabhängig von Herrschaft, Bevormundung und durch Zwangslösungen führen zu können, wird der Mensch zum Mittelpunkt und Maß einer offenen Ordnung. Die Ordnung von Wirtschaft und Gesellschaft ist dann das Ergebnis menschlichen Handelns, aber nicht menschlicher Intention!

Mit Blick auf Europa ist es interessant – und darf bedenklich stimmen – die Europaauffassungen dreier Gründerväter der Bundesrepublik Deutschland in Erinnerung zu rufen:

- Konrad Adenauer: "Europa, das ist eher wie ein Baum, der wächst, der eine Schicht nach der anderen ansetzt, der aber nicht konstruiert werden kann."
- Wilhelm Röpke: „... daß es das Wesen Europas ausmacht, eine Einheit in Vielfalt zu sein, weshalb dann alles Zentristische Verrat und Vergewaltigung Europas ist, auch im wirtschaftlichen Bereiche."
- Ludwig Erhard: Die Integration Europas ist die „Verwirklichung der Freiheit in allen Lebensbereichen".

Ordnungspolitik, wohl verstanden, ignoriert nicht das Wesen des Politischen Prozesses und der Politischen Ökonomie. Deshalb gelten Regierung und Staat nicht als wohlmeinender Vater ohne eigene Interessen. Vielmehr verfolgen die Angehörigen Eigeninteressen, darunter Karriere- und Wiederwahlziele. Zudem werden sie von Interessengruppen beeinflusst, z.B. von ihren Parteien und Lobbyverbänden. Die Folge ist ein kaum zu bremsendes Staatswachstum mit entsprechender Umverteilung nach politischen Kriterien. Das gilt auch für die Staatsverschuldung, die ein Ausgabenproblem ist. Wer diese Entwicklung eindämmen möchte, kommt um eine Entpolitisierung nicht umhin.

Wie Ordnungspolitik als Kompass dienen kann, lässt sich an drei Leitsätzen illustrieren, die aus den Überzeugungen unserer Gründerväter der Sozialen Marktwirtschaft abgeleitet sind:

1. Eigentum nicht Einkommen!

   Die Wiederherstellung des Eigentums der breiten Schichten bleibt eine wesentliche Aufgabe. Das bedeutet zuallererst niedrige Steuern und Abgaben. Voraussetzung einer freien Gesellschaft ist es zudem, dass Menschen Eigentum, nicht Einkommen haben wollen, urteilte Wilhelm Röpke. Privateigentum ist ein elementares, selbstverständliches Recht. Die Aufhebung einer staatlich organisierten Massenfürsorge erfordere einen Kraftakt auf zwei Seiten: Umverteilende Politiker und mehr Selbstverantwortung tragende Empfänger müssten zu ihrem eigenen und unser aller Wohl zurückstecken. In diesem Sinne sei der Rückbau des Wohlfahrtsstaates der soziale Fortschritt.

2. Wertbeständiges Geld ist alternativlos!

   Geld ist ein friedens- und gesellschaftsstiftendes Gut. Für eine wertorientierte Lebensweise gibt es dazu keine Alternative. Geld optimiert den Gütertausch, der stets die Lebenslage beider Tauschpartner verbessert. Infolgedessen wachsen Arbeitsteilung und Arbeitsproduktivität. Inflation (zer)stört hingegen diese Bande. Inflation ist ausnahmslos eine Folge verfehlter Geldpolitik und „*Betrug am Staatsbürger*“ (Ludwig Erhard), ihre wachstumsfördernde Wirkung ist eine Illusion. Das gilt auch für Vermögenspreisinflation. Deshalb mahnte Walter Eucken einen Primat der Währungspolitik für eine stabile Währung an. Besser wäre Bankenwettbewerb mit Haftung statt des Zentralbanksystems.

3. Preise sagen uns, was wir zu tun haben!

   Preise sind Signalgeber, die als Knappheitsanzeiger die Koordination der Marktteilnehmer steuern. Diese Erkenntnis hat zwei gravierende Folgen: Erstens, jede (staatliche) Einmischung in den Preismechanismus verzerrt die in Preisen zum Ausdruck kommenden Bedürfnisse von Anbietern und Nachfragern, also von uns allen. Zweitens, da niemand über das auf Märkten verstreute Wissen verfügen kann, ist jeder Eingriff in Märkte eine *„Anmaßung von Wissen"* (Friedrich August von Hayek), die die Entfaltung eben dieses Wissens behindert. Daran und an der mangelnden Kalkulationsfähigkeit staatlich administrierter Preise sind die DDR und die Sowjetunion bei glänzenden Statistiken ökonomisch zu Grunde gegangen.

In Vergessenheit geraten ist, dass die neoliberalen Gründerväter der Bundesrepublik Deutschland den Wohlfahrtsstaat als latent totalitär und unvereinbar mit der abendländischen Kultur ablehnten. Eines der eindringlichsten Bilder entlarvt den Wohlfahrtsstaat als große Fiktion, nach der alle glauben auf Kosten anonymer anderer leben zu können: *„Wenn man bei wohlfahrtsstaatlicher Organisation zu sagen pflegt, dass 'der Staat' es ist, der die Kosten trägt, so muss man sich doch klar machen, dass der Staat aus Eigentum ja überhaupt keine Mittel zur Verfügung hat, vielmehr alles, was er ausgibt, vorher einnehmen muss. Es ist insofern nichts weiter als ein ungeheures, höchst kompliziertes Röhrensystem, teils aus Saugröhren, teils aus Druckröhren bestehend. Der Wohlfahrtsstaat legt Wert darauf, dass er zu jedem Staatsbürger ein Druckrohr leitet, durch das er ihm seine Wohlfahrtsleistungen zupumpt. Zugleich aber hat er in der Geldtasche jedes Staatsbürgers ein Saugrohr verschiedenen Querschnitts, und die Funktion des Staates besteht nun darin, das ganze ungeheure Röhrensystem in Tätigkeit zu setzen, mit unheimlichen Maschinengeräuschen und beträchtlichen Energie- und Materialverlusten."* schrieb Alexander Rüstow.

Querdenkerimpulse: eine andere Ordnung ist möglich

Impuls gewandeltes Rechtsverständnis: Rechtssetzung als Entdeckungsverfahren

Bisher werden Gesetze vorwiegend für das Erreichen politischer Ziele erlassen. Ein wesentliches Problem besteht darin, dass die Experten nicht über vollständige Informationen verfügen, insbesondere nicht über die Anreizfolgen informiert sind und nicht sein können. Zudem besteht eine Herausforderung darin, die Zustimmung der Bürger nicht nur in abgeleiteter Form zu erlangen. Das hat nicht zuletzt etwas mit Groß- und Kleinräumigkeit von Regierung und Verwaltung zu tun, von mehreren Hundertmillionen in Europa über viele Millionen auf Bund- und Länderebene bis zur Lebenswirklichkeit von Kommunen mit wenigen Tausend Menschen. Im Grunde handelt es sich dabei nicht wirklich um eine demokratische Rechtsordnung – der Staat hat ein Rechtsmonopol, das nicht einmal infrage gestellt wird, von wenigen Ausnahmen abgesehen.[31] Schließlich dient Recht dazu, Freiheitskonflikte zu lösen und Erwartungen zu stabilisieren, also Informationsprobleme zu verringern. Grundsätzlich steht die Formulierung des Rechts durch den Staat in einem Konflikt mit seinem Gewaltmonopol zur Durchsetzung des Rechts. Eine entscheidende Frage lautet folglich: Wie kann Recht entdeckt werden?

Der Markt, genauer der Wettbewerb auf einem Markt, stellt ein Entdeckungsverfahren dar. Ideal wäre es, einen *Markt für rechtliche*

[31] Zu den Ausnahmen gehört David Dürr, der beim Freiheitswerk (http://freiheitswerk.org) den Themenbereich „Recht“ verantwortet, mit seiner Schrift: „Entstaatlichung der Rechtsordnung – Ein Modell ohne staatliches Rechtssetzungs- und Gewaltmonopol“, die beim Liberalen Institut, Schweiz im Internet abrufbar ist (http://www.libinst.ch/presentationen/LI-Duerr-Entstaatlichung-Rechtsordnung.pdf).

Regelungen zu entwickeln. Genau das ist die Forderung von Christian Kirchner, langjähriger Rechts- und Wirtschaftswissenschaftler an der Berliner Humboldt-Universität, der sich zur Ökonomik der Evolution rechtlicher Regelungen äußerte und einen evolutionären Lernprozess befürwortete.[32] Dieser Lernprozess kann sich auch aus einem Wechselspiel zwischen staatlicher und privater Rechtssetzung entwickeln, wie sie bei der Vertragsgestaltung, bei arbeitsrechtlichen Kollektivverträgen und internationalen Rechtslegungsstandards der Fall ist. Damit wird das Setzen von Recht nicht länger auf eine Abfolge von Gesetzesakten reduziert.

In dieser Perspektive weitet sich das Rechtsverständnis und der Blick geht weg von Gesetzen zu Regeln und Konventionen. Einer der wenigen scharfsinnigen Sozialphilosophen unserer Zeit, Anthony de Jasay, betont, dass Regeln, ob formal oder informell, Grundlage und Ursprung des Rechts sind. Dazu gehören auch Prinzipien und Konventionen wie: „*Wer zuerst kommt, malt zuerst.*“ und: „*Versprechen sind zu halten.*“ Friedrich August von Hayek hebt die Bedeutung von Traditionen für die Entwicklung des Rechts hervor. Demnach ist Rechtsetzung ein mehrstufiger Prozess: Zunächst werden in sozialen Austauschprozessen informelle Regeln etabliert. Diese Regeln können privat oder öffentlich formalisiert werden. Und es kann zu einem Wettbewerb zwischen den beiden Rechtssphären kommen. Das ist insofern von großer Bedeutung, als rechtliche Regelung nicht zuletzt institutionalisierte Problemlösungen darstellen, deren Erfolg hinsichtlich Zweck, Effektivität und Effizienz ungewiss ist; hinzu kommen Nebenfolgen, die nicht intendiert waren. Da Menschen auf Märkten in ihrer Interaktion als Gesamtheit über einen erheblichen Informationssprung gegenüber einem zentralen Regelsetzer verfügen,

---

[32] Institutionenökonomische und evolutorische Ansätze der Rechtsetzung begreifen sanktionsbewährte rechtliche Regeln als Institutionen, die intendierte und tatsächliche Wirkungen haben. Zu den Annahmen gehören die Existenz unvollständiger Informationen und eingeschränkte Eigennutz-Orientierung sowie beschränkte Rationalität.

ist der „*Wettbewerb als Entdeckungsverfahren*" von so großer Bedeutung.

Rechtsreparatur und Rechtswettbewerb

Erwähnt sei ein letzter Aspekt: Bisher fehlt es an einem geeigneten Reparaturmechanismus für Funktionsdefizite des gesetzten Rechts. Die Funktionsdefizite betreffen nämlich bisher lediglich die Regelungsadressaten und Betroffenen von Nebenfolgen, nicht aber die Vertreter der Legislative. Es spricht also manches dafür, den Rechtsfortbildungsprozess in die Judikative zu verlagern. Ganz in diesem Sinne argumentiert Friedrich August von Hayek in seinem Grundlagenwerk „Recht, Gesetz und Freiheit", wenn er die Aufgabe von Richtern – in enger Anlehnung an das Common law – in der Entdeckung des Rechts und ihrer fortwährenden Anpassung sieht, während sich das Recht überwiegend aus den sozialen Interaktionsprozessen der Bürger entwickelt.[33]

Entwickeln lässt sich der öffentliche Wettbewerb, wenn er mobil wird. Das bedeutet, dass die Rechtswahl nicht mehr mit einer Standortwahl verbunden ist. Vielmehr kann an einem Standort zwischen verschiedenen öffentlichen Regeln gewählt werden, wie beim Gesellschaftsrecht in der EU. Um privates Recht ließe sich der Wettbewerb dadurch erweitern, dass private Akteure z.B. ein Gesellschaftsrecht entwickeln, welches ihren Bedürfnissen am besten entspricht, besser als die eingeschränkten Wahlmöglichkeiten öffentlichen Rechts, und sie anschließend einen Staat finden, der bereit ist dieses Recht in seine Rechtsordnung aufzunehmen. Dann steht ein privat entwickeltes Recht allen Akteuren zur Verfügung.

---

[33] In Deutschland gilt bislang eine Rechtsdogmatik, die an den Normzielen ausgerichtet ist; somit fehlt es an einer Interpretationsvariante, die eine Prüfung erlaubt, welche Norminterpretation die bestmögliche Erreichung des Normzwecks ermöglicht. Damit wird die kontinentaleuropäische Judikative auf den „*Mund des Gesetzgebers*" (Christian Kirchner) reduziert.

Betont sei, dass es nicht nur um neues Recht geht. Gesellschaften brauchen nicht ständig neue Regeln, weder ständig mehr Regeln noch qualitativ ausgeweitete. Sie brauchen ein besseres Recht statt einer „*legislativen Massenproduktion*“ (Karen Horn). Schließlich kommt der Rechtsordnung nicht die Aufgabe zu, Wirtschaft und Gesellschaft nach den Vorlieben von Politikern oder Spitzenbeamten zu gestalten, urteilt Daniel Zimmer, Vorsitzender der Monopolkommission und Direktor des Center for Advanced Studies in Law and Economics der Universität Bonn: „*Das Recht dient vielmehr den Menschen als eine Infrastruktur zur Ausübung von Freiheiten.*“ Deshalb darf es die Menschen nicht behindern, sondern soll eigenverantwortliches Handeln unterstützen.[34]

Kurzgefasst gilt: *Recht muss sich von Politik emanzipieren und einen eigenen Status entwickeln* – das ist etwas anderes als die Gewaltenteilung.

Impuls echte Gewaltenteilung: das Zwei-Kammern-System von Friedrich August von Hayek

Die Trennung der alltäglichen Regierungs- und Verwaltungsaufgaben von grundsätzlichen Regeln mit Verfassungsrang stellt eine Herausforderung ersten Ranges dar. Regeln mit Verfassungsrang sind Entscheidungen von ordnungspolitischer Bedeutung, die nur von Menschen erlassen werden sollten, die nicht durch ihre Wiederwahl oder ihre eigenen materiellen Interessen geleitet werden. – In Deutschland gehört es zur jahrzehntelangen Praxis, dass die Exekutive einen Teil der Legislative ausmacht. – Ein dazu passende Verfassungsmodell hat Friedrich August von Hayek in Recht, Gesetz und Freiheit beschrieben:

---

[34] Daniel Zimmer kommt angesichts mangelnder Legitimität der EU und eines fehlenden politischen Diskurses in Europa zu dem Schluss, dass es der europäischen Rechtsetzung an Legitimität gebricht, sobald sie in bürgerliche Freiheiten eingreift.

- Die Regierungsgeschäfte werden auf zwei Kammern, d.h. zwei repräsentative Körperschaften aufgeteilt.
- Die eine Kammer ist für die Regierungsgeschäfte zuständig, also die tägliche Lenkung und Organisation der Regierungs- und Verwaltungstätigkeit. Das geschieht in der Regel entsprechend einem Aktions- oder Wahlprogramm, das eine gewählte Mehrheit zur Befriedigung konkreter Wünsche der Bürger festgelegt hat. Diese Regierungsversammlung entspricht dem heutigen Parlament mit der Bundesregierung als Exekutivausschuss – allerdings mit wesentlich reduzierten Kompetenzen.
- Für alle allgemeinen Regeln ohne Rücksicht auf bestimmte Personen oder Gruppen (Hayek bezeichnet diese als *„Regeln gerechten Verhaltens"*) ist eine andere Kammer zuständig. Diese erlässt alle ordnungspolitisch relevanten Gesetze zu denen neben Privat-, Handels- und Strafrecht u.a. auch die Prinzipien der Besteuerung, der Gesundheits- und Altersvorsorge, der Sicherheits- und Gesundheitsvorschriften, der Produktions- und Konstruktionsvorschriften, der Arbeitsschutzgesetzgebung und der Wettbewerbsordnung gehören. Zusätzlich überwacht diese Kammer die Regierungsversammlung, so dass ihre Regierungsgeschäfte nicht gegen die Regeln des gerechten Verhaltens verstoßen.

Hayek macht detaillierte Vorschläge zur Wahl der Kammern, deren Zusammensetzung und sogar zur Bezahlung der zweiten Kammer.

Eine gegebenenfalls notwendige Aufsicht der zweiten Kammer ließe sich durch einen Senat aus ehemaligen Mitgliedern gewährleisten. Streitigkeiten zwischen den beiden Kammern würden durch das Verfassungsgericht geschlichtet. In Notzeiten könnte die legislative Versammlung an die Regierung Gewalten übertragen, die jedoch jederzeit einschränkbar und revozierbar blieben. Nach dem Ende des Notstands würden alle Maßnahmen der Regierung überprüft.

Schadensersatz erhielten alle, die sich Zwangsmaßnahmen im allgemeinen Interesse unterwerfen mussten.

Einheitliche, nicht änderbare Regeln würden Hayek zufolge Politikern und Bürokraten eine Gesetzgebung im Dienste von Sonderinteressen unmöglich machen. Eine bedeutsame Folge besteht darin, dass zentrale Dienstleistungen auf regionale und lokale Behörden verlagert werden können. Vermutlich würden damit quasi-kommerzielle Unternehmen entstehen, die um die Bürger konkurrieren müssten, um das Leben innerhalb einer Region zumindest so attraktiv wie in einer anderen Region zu gestalten. Dieser Wettbewerb würde durch die Aufhebung des staatlichen Dienstleistungsmonopols zum Wohl der Allgemeinheit weiter gefördert.

Offenkundig gilt: Auch dieser Vorschlag kann nur so gut sein wie die Menschen, die ihn mit Leben füllen.

Impuls Non-Zentralismus: Small ist beautiful

Nicht Zusammenschluss, sondern Teilung kann eine Lösung sein. Ziel könnte eine Welt überschaubarer, menschengemäßer Einheiten sein, wie sie vor dem 20. Jahrhundert existierte und noch heute kennzeichnend ist für besonders wohlhabende Kleinstaaten oder bürgerliche Wohlfühloasen in Städten. Der treffendere Begriff für eine derartige Neuordnung lautet „Non-Zentralismus“ und stammt von dem Schweizer Humanisten Robert Nef. Es geht dabei um mehr als Subsidiarität, nämlich Antizentralismus.

Probleme schrumpfen mit sinkender Organisationsgröße. In kleinen sozialen Einheiten wie Familie, Dorf oder Kleinstadt, auch in einem Bezirk, kann man glücklich sein. – Das gilt entsprechend auch für überschaubare Unternehmen und Bürokratien. – Dafür bedarf es nicht allzu großer Voraussetzungen. Selbst Raub, Mord, Vergewaltigung und andere schwere Straftaten sind in überschaubaren sozialen Lebenszusammenhängen selten. Ist Kleinheit gar per se ein Quell von Glückseligkeit?

Der österreichische Nationalökonom und Philosoph der kleinen Einheiten Leopold Kohr vertrat die Auffassung, dass sich nur kleine Staaten zu gesunden, funktionsfähigen, größeren Organismen vereinigen können: „*Nur kleine Staaten sind föderalisierbar.*" Erfolgreiche Beispiele waren – zumindest für lange Zeit – die USA und die Schweiz, die über schwache Zentralregierungen und eine große Zahl von Gliedstaaten verfügten. Auch der Erfolg der Kleinstaaten spricht für sich, wie die Kultur in Weimar, Florenz und Athen zeigt. Wirtschaftlich zählen Hongkong, Monaco, die Schweiz, Singapur und Liechtenstein heute dazu.

Kommunen sind die Gemeinschafts- und Entfaltungsräume der Zukunft. Für unser Wohlergehen kommt es entscheidend darauf an, dass wir uns selbst organisieren und unseren Mitmenschen wie uns selbst Gelegenheiten bieten, zu lernen, uns zu entfalten und auszuprobieren – für unser persönliches Wohlergehen und zum Nutzen unserer Mitmenschen.

Die Kommune ist der Bezugsraum und Lebensort, in der gemeinsame Lebensgrundlagen gesichert, Versorgungsleistungen bereitgestellt, Sicherheit und Ordnung gewährleistet sowie Verwaltungs- und andere Dienstleistungen am besten koordiniert werden können. Vor allem aber zähle dazu „*die Sicherung der gemeinsamen Zukunft, die Aufrechterhaltung der Freude am gemeinsamen Entdecken und Gestalten, am Voneinander-Lernen und Einander-Ermutigen, am Sich-Einbringen und Füreinander-da-Sein.*" ist sich der bekannte Hirnforscher Gerald Hüther[35] sicher. In der Kommune gingen die Sicherung von Gegenwart und Zukunft Hand in Hand.

All das ist am besten durch Selbstorganisation und selbstbestimmte, geeignete Rahmenbedingungen möglich, die das Entdeckungs- und Koordinationsverfahren des Zusammenlebens nicht zuletzt für Kinder

[35] Gerald Hüther: Kommunale Intelligenz. Potenzialentfaltung in Städten und Gemeinden, Edition Körber-Stiftung, Hamburg 2013

gewährleisten. Gerald Hüther fordert uns in seinem kleinen Buch „Kommunale Intelligenz“ auf, diesen entscheidenden Erfahrungsraum wieder aufzubauen und durch eine neue Beziehungskultur mit Leben zu erfüllen. Auf der Grundlage seiner „salutorischen“ Ansätze für das Zusammenleben, die aus der Funktionsweise des Gehirns abgeleitet bzw. mit diesem kompatibel sind, kann kommunale Intelligenz wachsen.

Der paranoide Größenwahn eines monolithischen EU-Europas, das als regionaler Block in der Weltwirtschaft reüssieren soll und mit Militärinterventionen Plätze an der Sonne schafft, zeugt demgegenüber von wenig Intelligenz. Noch immer wird regelmäßig der Vorwurf erhoben, Kleinstaaterei sein ein Rückfall in vormoderne Zeiten und stelle gar eine Bedrohung für Europa dar. Die entscheidende Frage richtet sich jedoch nicht auf ein abstraktes Europa, sondern die konkreten Belange und Bedürfnisse der Menschen, die in Europa leben. Mit Björn Finke lautet die entscheidende Frage: „*Welches Staatsgebilde trägt mehr zu Wohlstand und Sicherheit bei, ist näher dran an den Wünschen und Sorgen der Menschen: ein neu zu gründendes Mini-Land oder der bisherige große Staat?*“[36] Heute begünstigen offene Grenzen, ein unvorstellbarer Krieg zwischen europäischen Staaten und der Schutz durch eine Mitgliedschaft in supranationalen Organisationen wie der NATO die Kleinstaatenlösung. Die EU und mit Separatismusbestrebungen konfrontierte Regierungen in London, Madrid, Brüssel und noch nicht in Berlin mögen das gruselig finden. Kleinstaaterei hat indessen viel Charme.

Non-Zentralismus, Regionalismus, Kleinstaaterei und das Besinnen auf historisch gewachsene Länder könnten Europa zu alten Tugenden und Stärken zurückführen, zur kulturellen, politischen und wirtschaftlichen Vielfalt. Fest steht, dass wir mehr denn je lernfähige Gemeinwesen für die Zukunft brauchen. Verantwortung könnte vor Ort wahr-

---

[36] Björn Finke: Lob der Kleinstaaterei, Ludwig von Mises Institut Deutschland vom 28.02.2014.

genommen und nicht nach oben wegdelegiert werden. Regionale Lösungen nach den Bedürfnissen der Menschen vor Ort könnten an die Stelle von Harmonisierung und Standardisierung für mehrere Hundertmillionen Menschen treten. Zugleich spricht nichts dagegen, allgemeine Rechtsregeln Regionen übergreifend zu akzeptieren, besonders wenn es sich um Freihandel, Freizügigkeit und Freigeld handelt.

Fazit und Perspektive: Freiheit als ordnungspolitische Richtschnur

„*Unsere Freiheit ist in Gefahr, weil die Politik immer neue Lebensbereiche mit beschränkenden Regeln erfasst.*" konstatiert Daniel Zimmer in seinem „Plädoyer für eine freiheitsorientierte Konzeption von Staat und Recht[37]. Es spricht viel dafür, das Recht als eine „*Infrastruktur für die Ausübung von Freiheiten*" zu begreifen. Damit wird der Mensch wieder in den Mittelpunkt von Freiheit, Recht und Sicherheit gerückt. Und der Mensch steht nicht im Dienst anderer, sondern das Gemeinwesen im Dienst der Menschen. Freiheit als Richtschnur künftiger Gesetzgebung und damit ordnungspolitischer Entscheidungen ist die Lösung. Die Gesetzgebung hat dementsprechend Handlungsspielräume zu erweitern. Recht, dass das Gegenteil bewirkt, ist damit nicht vereinbar. Und gerade europäisches Recht sollte angesichts der begrenzten Legitimation und seiner vielfachen Entfremdung von den Bürgern unter einem grundsätzlichen Vorbehalt stehen. Es ist nur dann als rechtmäßig anzusehen, wenn es Freiheit nicht einschränkt, so Zimmer.

Der Gedanke, dass es die Freiheit sein könnte, die, wie selbst Joachim Gauck es ausdrückt, der Gesellschaft erst Kultur, Substanz und

[37] Daniel Zimmer: Weniger Politik! Plädoyer für eine freiheitsorientierte Konzeption von Staat und Recht, C. H. Beck, München 2013.

Inhalt verleiht, dürfte vielen Menschen befremdlich erscheinen. Ihnen würde George C. Leef antworten, der in der Zeitschrift "The Freeman" der Foundation for Economic Education die vier gedanklichen Grundfehler von Staatsgläubigen benannt hat:

1. Sie *überschätzen* die Probleme einer freien Gesellschaft.
2. Sie *unterschätzen* die Problemlösungskompetenz freier Menschen.
3. Sie *überschätzen* die Problemlösungskompetenz des Staates.
4. Sie *unterschätzen* die Schädlichkeit staatlicher Interventionen.

Die vier Fehler der Etatisten lassen sich am Beispiel der Euro-Krise aufzeigen. Hier *überschätzen* die Staatsgläubigen die Instabilität freier Märkte und sie *verwechseln eine vermeintlich freie Marktwirtschaft mit der herrschenden Vettern- und Wohlfahrtswirtschaft*, sie *unterschätzen* die Fähigkeit freier Menschen, im Wettbewerb angemessene Regeln zu finden und durchzusetzen, sobald Freiheit und Haftung miteinander verbunden sind. Gleichzeitig *überschätzen* Staatsgläubige die Effektivität staatlicher Regulierung, schon weil sie nur sehen, was sichtbar ist, aber nicht was erst künftig als Folgewirkung entstehen wird. Eine Fülle von Literatur zeigt inzwischen auf, wie sehr verfehlte Regulierungen sozialpolitisch, baurechtlich und geldpolitisch zum Krisentreiber wurden.[38] Sobald aber die Regierung auf den Schutz von Eigentum und Leben konzentriert ist, die Menschen die Früchte ihrer Arbeit genießen dürfen und die Risiken für Verluste tragen, wird Kapital effizient verwendet, entsteht Wohlstand für alle, nicht nur für Privilegierte.

Es ist keine Binsenweisheit, dass eine Krise die Gelegenheit bietet, überkommene Muster zu überdenken und diese vor allem zu verändern. Benötigt ein demokratisches, freiheitliches und offenes Europa mehr Macht für die Zentrale? Oder benötigen wir alle, eingebunden in unsere

[38] Siehe dazu auch die Lektürelisten bei Forum Ordnungspolitik.

Familien und Gemeinden, die Rückgabe von Kompetenzen, Verantwortung und finanziellen Mitteln?

Sobald Freiheit zur ordnungspolitischen Richtschnur wird und das Recht der Erhaltung und Ausdehnung von Freiheit dient, entsteht Sicherheit für den Einzelnen in überschaubarer Weise. Mit den Worten von Ludwig Erhard kann „*der einzelne [unmöglich] mehr an echter Sicherheit erringen, als wir uns im ganzen durch Leistung Sicherheit erworben haben.*“ Empirisch kommen zahlreiche Untersuchen, die in Indices zusammengefasst werden, darunter der Economic Freedom Index von 86 Think Tanks weltweit, der Doing Business Index der Weltbank und der Global Competitiveness Report des World Economic Forum zu einem eindeutigen Ergebnis:

> *Freie Gesellschaften sind wohlhabender und gerade den relativ ärmsten Menschen geht es dort schneller besser als in weniger freien Gesellschaften. Menschen können ihre Ressourcen für persönliche Ziele produktiver nutzen. Ihre Lebenserwartung ist größer.*

Bemerkenswerterweise sind es die institutionellen – ordnungspolitischen – Unterschiede und damit nicht zuletzt das Recht, die die höchste Erklärungskraft für die unterschiedlichen Entwicklungsniveaus aufweisen.

Mehr Neoliberalismus wagen! Für ein Europa der Vielfalt statt der Einfalt[39]

„*Wehe dem, der glaubte, man könnte Europa etwa zentralstaatlich zusammenfassen, oder man könnte es unter eine mehr oder minder ausgeprägte zentrale Gewalt stellen.*" mahnte Ludwig Erhard 1963 in Stockholm und fuhr fort: „*Nein – dieses Europa hat seinen Wert auch für die übrige Welt gerade in seiner Buntheit, in der Mannigfaltigkeit und Differenziertheit des Lebens. Das sind die Elemente, die unserem Dasein Farbe geben und das Leben lebenswert machen.*"

Der Wirtschaftswunderminister ist der wohl prominenteste Neoliberale Europas. Wer kennt heute noch Italiens Zentralbankchef und Staatspräsidenten Luigi Einaudi oder etwa Jacques Rueff? Erhards soziale Marktwirtschaft war stets als europäische Marktwirtschaft konzipiert. Die Römischen Verträge, deren Inkrafttreten sich am 1. Januar 2013 zum fünfundfünfzigsten Mal jährt, sind von diesem Geist beseelt. Das ist dem segensreichen Wirken von Erhards Staatssekretär Alfred Müller-Armack zu verdanken, der bei den Verhandlungen ab 1955 Schlimmeres verhindern konnte. In Frankreich ging zu dieser Zeit das Gespenst der Planification um, einer insbesondere industriepolitischen Planung der Volkswirtschaft mit einem großen Sektor öffentlicher oder staatlich privilegierter Unternehmen. Die Folgen sind noch heute zu besichtigen. Europa wurde indes mit den Römischen Verträgen auch als Hort der Freiheit, der offenen Märkte und der Herrschaft des Rechts konzipiert. Heute steht diese Ordnung zunehmend zur Disposition.

Wie zu Beginn der dreißiger Jahre und zum Ende der vierziger Jahre stellt sich heute erneut die fundamentale Frage: *In welcher Ordnung wollen wir leben?* Einheit, Gleichheit und weltpolitische Gestaltungs-

[39] Erschienen in: Cicero online am 11.12.2012.

macht einer zentralistisch gesteuerten EU stehen Freiheit, Vielfalt und Wettbewerb eines friedlichen, dezentralen Europas gegenüber. Soll das Maß aller Dinge die EU, der Euro sein oder aber der Mensch?

Die Neoliberalen betrachteten Wirtschaft stets als Teil eines größeren Ganzen, einer bürgerlichen Gesamtordnung. Sie forderten die Rückkehr zur Marktwirtschaft, weil diese die produktivste und vor allem menschlichste Wirtschaftsweise darstellt, und weil sie die einzige ist, „*die mit freiheitlich demokratischer Staats- und Gesellschaftsverfassung vereinbar ist*" urteilte der Kultursoziologe unter den Neoliberalen Alexander Rüstow.

Der in der Staatsschulden- und Finanzkrise eingeschlagene Kurs steht für Planification und Paternalismus, er setzt die Geschichte der dirigistischen Selbsttäuschungen und Fehlschläge seit der Europäischen Montan- und Agrarunion fort. Da sich mit schlechter Ökonomie noch nie gute Politik machen ließ, braucht Europa mehr denn je freie Marktwirtschaft – gerade zur tatsächlichen Überwindung der Krise. Als Kompass können folgende neoliberale Prinzipien dienen:

Erstens: Preise sagen uns, was wir zu tun haben – und häufig ist es etwas anderes, als wir erwartet haben! Statt die wichtigsten Informationsgeber zu manipulieren, sollten EZB, EU-Führungsorgane und nationale Regierungen der Entwicklung von Preisen freien Lauf lassen. Das gilt für Aktienmärkte (Leerverkäufe), Zentralbankzins (künstliche Absenkung), Zinsen für Staatsanleihen (Rückkaufprogramm), Löhne (Mindest- und Höchstgrenzen), Immobilienpreise (Blasenbildung), durch Subventionen und Steuer bedingte Verzerrungen (Abwrackprämie, aberwitzige Rettung des Weltklimas) und so weiter und so fort.

Zweitens: Wer bestellt, zahlt – wer handelt, haftet! Der Rechnungszusammenhang muss ausnahmslos wiederhergestellt werden. Wer investiert, trägt das Risiko für Verluste und kann sich an erzielten Gewinnen erfreuen. Gewinne privatisieren und Verluste sozialisieren, gar zu Lasten (ungeborener) Steuerzahler, ist hingegen verantwortungslos. Marktwirtschaft beruht auf dem Gewinn- und Verlustmechanismus.

Wer den Verlust streicht, wie bei der Konkursverschleppung schlecht wirtschaftender Finanzinstitute und Konzerne, nicht aber bei dem kleinen Händler und mittelständischen Handwerker um die Ecke, der macht aus der Markt- eine Staatswirtschaft. Ohne Verlustrisiko wächst die Gier.

Drittens: Wettbewerb statt Privilegien! Ein neoliberales Europa kommt ohne Privilegien aus. Bereits 1932 haben sich Walter Eucken und Alexander Rüstow in den Gründungsdokumenten des Neoliberalismus gegen den „*Wirtschaftsstaat*" mit seinen punktuellen Eingriffen, die Interessengruppen aktivieren, und für einen Staat oberhalb der Partikularinteressen stark gemacht. Wettbewerb ist ein „*geniales Entmachtungsinstrument*" (Franz Böhm) und ein einzigartiges „*Entdeckungsverfahren*" (Friedrich August von Hayek). Er funktioniert, sobald ausnahmslos Konsumenten entscheiden dürfen statt Kommissionen, Behörden und Regierungen, die Subventionen verstreuen, Projekte priorisieren und über das Geldsystem Finanzinstitute privilegieren. Neoliberale wissen, dass die Behauptung, man könne mit anderer Leute Geld Gutes tun, ein verbreiteter Trugschluss ist.

Viertens: Bereinigungskrisen und Rezessionen zulassen! Einem monetär bedingten, künstlichen Boom muss natürlich eine Bereinigung im Zuge einer Krise folgen. Kapital wurde fehlgeleitet. Nun müssen unrentable Investitionen liquidiert, Kapital und Arbeit restrukturiert werden. Wohlfahrt entsteht durch die freie Koordination der Interessen von Menschen unter allgemeinen Rechtsgesetzen der Freiheit. Wachstum lässt sich nicht politisch erzeugen. Schon gar nicht durch bürokratische Innovationsförderung oder Konjunkturprogramme, die nur umverteilen. Wer die Entstehung von Konjunkturpaketen beobachtet, kommt nicht umhin, sie auch als Korruptionspakete aufzufassen – schließlich stehen Lobbyisten, Parteifreunde und andere Günstlinge frühzeitig Schlange.

Fünftens: Herrschaft des Rechts statt einer Herrschaft von Frauen und Männern! Der Ursprung der Finanzprobleme liegt im rechtswidrigen Handeln (Verstoß gegen den Maastricht-Vertrag). Inzwischen werden Rechtsverstöße sanktioniert, das „No Bailot Gebot" des AEUV (Artikel 125) wurde vom Europäischen Gerichtshof umgedeutet. Die Rückkehr zum Recht ist das Gebot der Stunde. Dazu gehört auch eine Selbstbeschränkung statt der praktizierten *„inflationären Gesetzgebung*" (Bruno Leoni). Eine offene, freie Gesellschaft kann nur unter der Herrschaft des Rechts bestehen.

Sechstens: Regulierung durch den Markt besitzt Priorität vor einer Anmaßung von Behörden! Seit den 1980er Jahren wurden insbesondere die Finanzmärkte dereguliert. Zugleich gibt es kaum einen Sektor, der so reguliert ist wie die Finanzmärkte. Die Basel-Regulierung ermöglichte seit 2002 für AAA-Ratings einen 60 zu 1 Hebel (!), d.h. man musste nur 1,65 Euro Eigenkapital für eine 100 Euro Investition aufwenden. Angesichts der geringen vorgeschriebenen Eigenkapitalquoten konnten bereits geringe Wertverluste eines Investments das Eigenkapital aufzehren und einen Bankrott befördern. Da Banken Staaten in den Abgrund ziehen können und umgekehrt, gibt es eine extreme politische Regulierung: das Pleiteverbot. Wie sollen stets hinterherhinkende Behörden die angemessene Kapitaldeckung herausfinden?

Siebtens: Währungswettbewerb statt „Bündnis der Untugend"! Das Europäische Währungssystem hätte als Wechselkurskartell bereits 1993 durch einen *„unverfälschten Wettbewerb der Währungen*" (Alfred Schüller) ersetzt werden müssen. Das würde die Import-Export-Verzerrungen im Zuge interner Auf- und Abwertungen reduzieren. Vor dem Euro zeugten die nationalen Währungen von der Unterschiedlichkeit der Weich- und Hartwährungen. Über neoliberale Ideen hinaus gilt es einen Wettbewerb privater Währungen zu erwägen. Am Euro darf auf keinen Fall um jeden Preis festgehalten werden, ein solcher Preis wäre viel zu hoch. Der Goldstandard stellt eine bewährte, alternative Einheitswährung dar.

Die Konsequenzen einer prinzipienbasierten Politik sind unangenehm, wie die Freiheit, weil sie untrennbar mit individueller

Verantwortung verbunden ist. Wir leben in einer offenen, besser unfertigen Gesellschaft. Politische Eingriffe richten sich fast ausnahmslos nicht nur gegen die Ergebnisse, sondern zugleich stets gegen das Wesen einer freien Gesellschaft, deren Herzstück die freie Marktwirtschaft ist. Dem systemischen Bedrohungspotenzial der Großbanken kann mit einer gangbaren Alternative begegnet werden: Konkurs, angesichts der Verflechtungen auch von der ersten bis zur letzten Bank, ohne Steuerzahlerhaftung (Schäffler-Tofall-Konzept[40]). Knappe Ressourcen würden in drängende statt politisch bestimmte Projekte fließen. Ein unverfälschter Preismechanismus ist dafür die Voraussetzung. Das ist wie bereits 1920 Ludwig von Mises nachwies der entscheidende Unterschied zwischen Marktwirtschaft und Sozialismus. Roland Baader hat mit „Geldsozialismus"[41] diese Erkenntnis auf das staatliche Geldsystem übertragen.

Durch die demokratischen Reformen und Revolutionen vom 17. bis zum 19. Jahrhundert hat sich Europa durch das Streben nach einer spontanen gesellschaftlichen Ordnung der Vielfalt und Freiheit vom Rest der Welt unterschieden. Erst die kapitalistische Trennung von wirtschaftlicher und politischer Macht ermöglicht(e) Widerspruch, Wettbewerb und individuelle Vielfalt. Der Staat ist insofern gerechtfertigt, als er keinen Absolutheitsanspruch erhebt, sich mit dem Status zufriedengibt, allgemeine Freiheitsregeln durchzusetzen.

Das Gebot der Stunde für politisches Handeln liegt auf der Hand: Mehr Europa durch Rückkehr zum europäischen Gründungsgedanken: mehr Europa, mehr Marktwirtschaft, aber weniger Politik von oben;

---

40 Literaturhinweis: Frank Schäffler und Norbert Tofall: Euro-Stabilität durch konkurrierende Privatwährungen, LI-Paper vom November 2012 und dieselben: EU-Superstaatsgründung aus Angst vor Crash?, in: Frankfurter Allgemeine Zeitung am 14.09.2011 (online abrufbar).

41 Roland Baader: Geldsozialismus. Die wirklichen Ursachen der neuen globalen Depression, Resch Verlag, Gräfelfing 2010.

hingegen mehr Politik von unten und eine Ausweitung der kulturellen und sozialen Eigenheiten. Voraussetzung für eine prosperierende Zukunft sind im Wettbewerb stehende politische Einheiten und Regionen mit viel Autonomie.

„*Aber da der Weg zur Größe kein Ende hat, und da die Einheitsfanatiker kein Ding finden, das sich nicht doch noch vergrößern ließe, können sie nirgends landen außer in der Irrenanstalt der Unendlichkeit*", konstatierte der Rechts- und Staatswissenschaftler Leopold Kohr, der zugleich Vordenker der Umweltbewegung war, in seinem Opus magnum „Das Ende der Großen – zurück zum menschlichen Maß" in den 1950er Jahren. Rückkehr zum menschlichen Maß ist zugleich die zentrale Forderung der Neoliberalen. Es ist das Europa der Vielfalt in Freiheit. Seine Zukunft liegt nicht in Brüssel, sondern in den Herzen und Köpfen der Menschen in ihren Regionen, Gemeinden, Städten und Dörfern. Ludwig Erhard brachte die politische Integration Europas auf die Formel: „*Verwirklichung der Freiheit in allen Lebensbereichen*".

Geldfreiheit – Wettbewerb ist einer Behörde überlegen[42]

Für Menschen, die es nicht besser wussten oder keine Alternative erlebt haben, war es selbstverständlich: Ein Telefon musste bei der staatlichen Post beantragt werden. Ruinöser Wettbewerb hätte nicht nur der Behörde, sondern auch den Kunden geschadet. Die besten Produkte und eine gerechte, stabile Versorgung der Verbraucher konnten nur staatliche Experten mit entsprechenden hoheitlichen Befugnissen gewährleisten.

Geld ist ein Gut wie jedes andere auch, nur mit einem Unterschied, es lässt sich besonders gut tauschen. Geld ist deshalb besonders

[42] Erschienen in: Währungsreform und neue Geldsysteme, Sonderpublikation der BoerseGo AG, Februar 2012 S. 35-36.

begehrt. Staatsführungen haben früh damit begonnen, seiner habhaft zu werden, um ihre unbegrenzten Ausgabenwünsche finanzieren zu können, für Kriege und repräsentativen Luxus sowie die Alimentierung von Gefolgschaft. Von Beginn an war Betrug ein Mittel, d.h. eine Vermehrung der Geldmenge mittels Falschmünzerei. Bedeutsamer ist jedoch die Monopolisierung von Förder- und Produktionsstätten wie Silberbergwerken und bis heute vor allem eine Privilegierung von Kreditgebern, insbesondere Banken. Hingegen ist die Stabilisierung einer Volkswirtschaft durch eine angestrebte Neutralisierung des Geldes als Einfluss- und Störfaktor eine relativ späte Schutzbehauptung. Schließlich verursachte die staatliche Geldpolitik regelmäßig das Gegenteil. Das zeigen alle Hyperinflationen, kontinuierliche, teils drastische Geldentwertung und ein künstlich angefachtes Wirtschaftswachstum mit anschließenden unausweichlichen Bereinigungskrisen als immanente Begleiterscheinung des staatlichen Geldwesens.

Die Politik kann die ökonomischen Gesetze nicht außer Kraft setzen, aber sie kann so tun, als ob sie dazu in der Lage wäre. Leider dauert es eine ganze Weile, bis diese Täuschung ihre jeweils desaströsen Wirkungen voll entfaltet und damit offensichtlich wird.

Roland Baader

Die Ursachen für das fortwährende Scheitern liegen auf der Hand: Eine Behörde kann niemals die tatsächliche Nachfrage nach Geld in Erfahrung bringen und folglich allenfalls zufällig die erforderliche Geldmenge bereitstellen. Das liegt an einem unüberwindbaren Wissensmangel, der allen zentralen Institutionen innewohnt. Wenige noch so kluge Experten sind dem verstreuten Wissen von Millionen Marktteilnehmern unterlegen, sowohl was das Wissen insgesamt angeht als auch im Hinblick darauf, was zu einem bestimmten Zeitpunkt getan werden muss. (Flexible) Preise bringen dagegen auf unschlagbare Weise dieses Wissen zum Ausdruck. Als Ersatz bedienen sich die Experten mancher Krücke, beispielsweise dem Ziel einer annähernden Preisniveaustabilität. Allerdings handelt es sich auch hierbei um eine

Anmaßung von Wissen. Konsequent verfolgt führt eine Politik der Preisniveaustabilität von 2 Prozent dazu, dass die Kaufkraft unseres Geldes innerhalb von 35 Jahren halbiert wird. Insofern war die viel gerühmte Bundesbank lediglich oder immerhin der sprichwörtliche Einäugige unter den Blinden. Die Politisierung der Zentralbanken, etwa um das Wirtschaftswachstum anzukurbeln, verschlechtert die Situation zusätzlich. Wohlstand entsteht nicht durch mehr Geld, sondern durch bessere Güter in größerer Vielfalt und Anzahl.

Tatsächlich lebt heute eine große Zahl von Menschen entweder von anderer Leute Geld oder von einer Vermehrung von Geld durch Geld. Letztere sind besonders einflussreich, weil sie für Regierungen und Volkswirtschaften als (vermeintlich) unersetzlich oder systemrelevant angesehen werden. Die Frage, wie heute Geld bereitgestellt werden soll, ist längst keine rein ökonomische, sondern vielmehr eine gesellschaftliche Frage, und damit eine Schlüsselfrage: *Wie wollen wir leben?*

Wettbewerb und Haftung statt Behördenwirtschaft

„Free Banking" bedeutet, dass die Geschäftsbanken aus der Vormundschaft des Zentralbanksystems entlassen werden und ein freies Bankwesen entstehen darf. Das Ergebnis ist „*Geldfreiheit*" (Hans F. Sennholz). Geld wird nicht mehr von einer de facto oder de jure staatlichen Behörde emittiert, sondern, wie bei anderen Gütern auch, privat durch im Wettbewerb stehende Unternehmen. Ein freies Geldwesen umfasst ein freies Bankenwesen – ohne Sonderprivilegien und mit unbeschränkter Haftung, idealerweise ohne staatlich Regulierung und Bankenrettungen, aber mit einer konsequenten Durchsetzung von Rechtsregeln. Historisch betrachtet waren die am wenigsten regulierten Geldwesen besonders erfolgreich im Hinblick auf Geldstabilität, wirtschaftliches Wachstum und die Vermeidung von Betrug, Falschmünzerei, Bank-Run sowie übermäßiger Kreditvergabe. Derzeit sind weltweit über 60 Beispiele für Geldwesen bekannt, die Free Banking nahekommen. Der amerikanische Ökonom Kurt Schuler konstatiert: *„Free Banking war gebräuchlich im Britischen Empire, dem Orient und* *in Amerika. Selten kam es dagegen vor in Nord- und Osteuropa, Afrika, dem Mittleren Osten und in Kolonien, außer den britischen.*" Herausragende Erfolgsbeispiele finden sich in China (bereits vor 1.000 Jahren), Brasilien und Schottland sowie weiteren kleinen Ländern wie Schweden und Belgien vor allem im 18. und 19. Jahrhundert. Selbstverständlich können die Marktteilnehmer frei entscheiden, was sie als Geld akzeptieren.

A central bank is not a natural product of banking development. It is imposed from outside or comes into being as the result of Government favours. This factor is responsible for marked effects on the whole currency and credit structure which brings it into sharp contrast with what would happen under a system of free banking from which Government protection was absent.

Vera C. Smith

In einem freien Geldwesen entfällt die heute weltweit praktizierte Politisierung der Wirtschaft mit Hilfe des Geldes. Für Geldpolitik, Zinspolitik und staatliche Vorgaben wie Mindestreserven besteht kein Bedarf. Lender of last Resort (Kreditgeber der letzten Instanz) und Bailouts (aus der Klemme helfen) mit Steuergeldern für am Markt gescheiterte Unternehmen sind in einem freien Geldwesen nicht erforderlich. Das Geldmonopol der Regierung existiert genauso wenig wie ein gesetzliches Zahlungsmittel. Hingegen sind *alle wettbewerblichen Alternativen und Bestrebungen um eine Verbesserung des Gutes Geld* – anders als heute – *erlaubt*. Der freie Markt stellt das gewünschte Geld in der gewünschten Qualität und erforderlichen Menge zur Verfügung. Das Ergebnis kann sich historisch sehen lassen. Die Rede ist nicht nur von wunderbar anzusehenden Münzen aus Kupfer, Silber und Gold, sondern auch ein ruhigerer Fluss der Wirtschaft; es fehlen monetär bedingte Teuerungen von Produkten und Wirtschaftskrisen. Die Verbraucher können den Produktivitätsfortschritt an sinkenden Preisen erkennen, und vor allem entfallen Währungszusammenbrüche zumal in Form von Hyperinflationen. Die Aufgabe des Staates beschränkt sich in einem freien Geldwesen auf die

Durchsetzung von Verträgen und insbesondere den Schutz des Privateigentums.

Der Wettbewerb zwingt die Banken erfolgreich, ihren eigentlichen Aufgaben nachzukommen: Banken nehmen Einlagen entgegen und vergeben Kredite an Marktteilnehmer. Dabei werden sie sowohl zu einer strengeren Risikokalkulation gezwungen als auch zu einer marktgerechteren Solvenz- und Liquiditätsvorsorge. Erfolgreiche Banken werden ihre Kunden fair beraten müssen, statt ihren Informationsvorsprung bei konstruierten Produkten für Provisionen auszunutzen. Anreize und Möglichkeiten für Spekulationsgeschäfte auf Aktien-, Devisen-, Renten-, Rohstoff und Interbankenmärkten werden schwinden.

Geldfreiheit ist keine Utopie, bei der alles perfekt abläuft. Bankiers treffen Fehlentscheidungen, vergeben schlechte Kredite und tätigen Fehlinvestitionen. Bankinsolvenzen legen wirtschaftliches Fehlverhalten offen. Ohne perfekte Menschen gibt es auch kein perfektes Geldwesen. Allerdings ist ein freies Geldwesen der herrschenden monetären Planwirtschaft haushoch überlegen. *Die aktuelle Schuldenkrise wäre in einem freien Geldwesen genauso wenig möglich wie die voran gegangene Immobilien-, Finanz- und Weltwirtschaftskrise.*

Der Wechsel vom heutigen Geldsystem mit einer Zentralbank zu einem freien Geldwesen mit Bankenhaftung macht lediglich eine politische Entscheidung erforderlich: die Privatisierung oder Entstaatlichung des Geldes. In Anlehnung an den Nobelpreisträger Friedrich August von Hayek ist dafür eine Freigeld-Bewegung erforderlich, die mit der Freihandelsbewegung des 19. Jahrhunderts vergleichbar ist. Absehbar ist: Bereits kurze Zeit nach dem Fall des Geldmonopols werden die Menschen über die vergangenen Anmaßungen spötteln wie über die heute Kopfschütteln auslösende Zeit des Postmonopols vor der Liberalisierung des Telekommunikationssektors.

Rekordverschuldung erfordert Rekordentstaatlichung

„Der Staat ist so fett wie nie“, schrieb Marco Mendorf am 15. Mai 2009 im ÖkonomenBlog und betonte richtigerweise, dass mit Einnahmen in Höhe von 561 Milliarden Euro (561.000.000.000 Euro!) 2008 ein absolutes Rekordjahr war. Im Vergleich zu 2004 verfüge der Staat über 268,7 Milliarden Euro an zusätzlichen Einnahmen.

Der Grund sind Steuererhöhungen, allen voran die um 3 Prozentpunkte erhöhte Mehrwertsteuer. Zweifelsohne hat der Berliner Publizist Gérard Bökenkamp mit seinem Beitrag „Mit Steuererhöhungen kann man Schulden nicht senken“ in „Die Freie Welt“ Recht: Das Problem liegt darin, dass mit dem Geld (erneut) die Aus-gaben erhöht, aber weder andere Steuern gesenkt noch Schulden abgebaut wurden. Vielmehr sehen die Pläne von Finanzminister Steinbrück, wie bei allen seinen Vorgängern seit den 1970er Jahren, eine Rekordverschuldung vor. Von 2010 bis 2013 sollen 310 Milliarden Euro neue Schulden aufgenommen werden.

Der Wohlfahrtsstaat kennt nur eine Entwicklungsrichtung: die Ausdehnung. Die Anmaßung immer weiterer Zuständigkeiten lässt die Bürokratie wuchern und zehrt das Geld der lebenden und noch ungeborenen Steuerzahler auf. Ein Durchschnittsbürger muss dafür bis zu zwei Drittel seines Einkommens abliefern. Damit ist das Realität geworden, was Wilhelm Röpke als *„Taschengeldstaat“* bezeichnete, also die nicht-kommunistische Form der Unterwerfung der Menschen unter eine Regierung, die über immer weitere Teile von Leben und Eigentum verfügt. *Bekanntlich ist der Wohlfahrtsstaat eine geniale Idee, nämlich die Bürger mit ihrem eigenen Geld vom Staat abhängig zu machen.*

Kontinuierliches Wachstum der Staatsausgaben

(in % des BIP - bis 1937 nur Zentralregierung)

	1870	1913	1920	1937	1960	1980	1990	2000	2005	2009
Österreich	10,5	17,0	14,7	20,6	35,7	48,1	38,6	52,1	50,2	52,3
Belgien	k.A.	13,8	22,1	21,8	30,3	58,6	54,8	49,1	52,0	54,0
Großbritannien	9,4	12,7	26,2	30,0	32,2	43,0	39,9	36,6	40,6	47,2
Kanada	k.A.	k.A.	16,7	25,0	28,6	38,8	46,0	40,6	39,2	43,8
Frankreich	12,6	17,0	27,6	29,0	34,6	46,1	49,8	51,6	53,4	56,0
Deutschland	10,0	14,8	25,0	34,1	32,4	47,9	45,1	45,1	46,8	47,6
Italien	13,7	17,1	30,1	31,1	30,1	42,1	53,4	46,2	48,2	51,9
Japan	8,8	8,3	14,8	25,4	17,5	32,0	31,3	37,3	34,3	39,7
Niederlande	9,1	9,0	13,5	19,0	33,7	55,8	54,1	44,2	44,8	50,0
Spanien	k.A.	11,0	8,3	13,2	18,8	32,2	42,0	39,1	38,4	45,8
Schweden	5,7	10,4	10,9	16,5	31,0	60,1	59,1	52,7	51,8	52,7
Schweiz	16,5	14,0	17,0	24,1	17,2	32,8	33,5	33,7	37,3	36,7
USA	7,3	7,5	12,1	19,7	27,0	31,4	33,3	32,8	36,1	42,3
Durchschnitt	*10,4*	*12,7*	*18,4*	*23,8*	*28,4*	*43,8*	*44,7*	*43,2*	*44,1*	*47,7*

Quelle: The Economist - Taming Leviathan vom 17.05.2011

Nur eine Rekordentstaatlichung kann diesem Trend entgegenwirken. Das erfordert unter anderem, alle Subventionen zu streichen. Offiziell sind das rund 58 Milliarden Euro, tatsächlich wohl deutlich mehr. Diese Maßnahme ist schon aus moralischen Gründen geboten. Jeder Euro Gewinn für den Subventionsempfänger beruht auf einem Euro Verlust für den Steuerzahler, dem der Euro weggenommen werden muss. Hinzu kommen weitere Verluste durch Bürokratie und marktuntaugliche Produkte, die aus dem einen Euro Gewinn vermutlich zwei Euro Verlust werden lassen.

Außerdem sollte sich der Staat in Richtung seiner Kernaufgaben zurückziehen, um diese ordentlich gewährleisten zu können. Dazu gehören innere und äußere Sicherheit sowie das Rechtswesen mit seiner wichtigsten Aufgabe, dem Schutz des Privateigentums.

Schließlich werden Steuersenkungen durch eine Rückführung der Staatsaufgaben möglich, obwohl sie sich auch selbst finanzieren, wenn sie nur kräftig und glaubhaft dauerhaft angelegt sind. Steuersenkungen erhöhen die produktiven Aktivitäten. Sie steigern den *Return on Investment* für jedermann, erhöhen unternehmerische Risikobereitschaft und Kreativität und schaffen Arbeitsplätze. Steuersenkungen machen Arbeitsplätze wieder profitabel, die zuvor „wegbesteuert“ wurden. Zusammengenommen führt das zu steigenden Steuereinnahmen.

Wie lässt sich dieses Ziel erreichen? Steuerwettbewerb war in der Vergangenheit ein wirksames Mittel. Politiker senken Steuern wegen des Wettbewerbs durch Steueroasen, schreibt der Steuerexperte Dan Mitchell vom Cato Institut. Die Alternative hat Peter Sloterdijk treffend formuliert: „*Voll ausgebaute Steuerstaaten reklamieren jedes Jahr die Hälfte aller Wirtschaftserfolge ihrer produktiven Schichten für den Fiskus, ohne dass die Betroffenen zu der plausibelsten Reaktion darauf, dem antifiskalischen Bürgerkrieg, ihre Zuflucht nehmen. Dies ist ein politisches Dressurergebnis, das jeden Finanzminister des Absolutismus vor Neid hätte erblassen lassen.*“

Schuldenbremse mit persönlicher Haftung[43]

Ohne Sanktionsmechanismen, die Abgeordnete persönlich treffen, wird die Schuldenbremse unwirksam bleiben. Politiker haben die Verantwortung für die Entwicklung von Gesellschaft und Wirtschaft an sich gezogen. Folglich sollten sie wie andere Menschen auch für die Konsequenzen ihres Handelns haften.

Eine wirksame Schuldenbremse ist von großer Bedeutung, um der Dauerschuldnerei ein Ende zu bereiten. Die aktuelle Weltwirtschaftskrise ist wie die EU-Krise primär eine Schuldenkrise. Der Bank für Internationalen Zahlungsausgleich zufolge ist ein Ausweg aus der selbst gestellten Schuldenfalle für viele westliche Länder bereits jetzt nur noch mit schmerzhaften Anstrengungen möglich.

Deutschland benötigt also keine Bremse für noch mehr Schulden, sondern einen Schuldenabbau. Folglich kann eine wirksame Schuldenbremse lediglich ein erster Schritt in diese Richtung sein. Wirksame Sanktionen setzen an der Person des Entscheidungsträgers an; Anreize wirken sich auf das Portemonnaie aus, etwa in Form von Einkommenseinbußen, oder auf die politische Karriere, beispielsweise durch ein (zeitweises) Wiederwahlverbot von Abgeordneten.

Bisher: Verantwortungslose Schuldenmacherei

Die Geschichte der bundesdeutschen Finanzpolitik ist eine Geschichte ungebremster Staatsverschuldung. Besonders seit den siebziger Jahren hat jeder Finanzminister den unrühmlichen Rekord seines Vorgängers übertroffen. Für die Begrenzung, geschweige denn den Abbau der überbordenden Staatsverschuldung hat hingegen bisher keine Partei eine geeignete Antwort gefunden. Das gilt umso mehr als es sich um ein Ausgaben- und nicht um ein Einnahmeproblem handelt,

---

43 Erschienen unter dem Titel Schuldenbremse: unwirksam mangels persönlicher Haftung, beim Berlin Manhattan Institut am 17.02.2011.

das strukturell bei der Politik liegt. Mehr als 1,7 Billionen Euro oder rund 22.000 Euro pro Kopf der Bevölkerung (vom Säugling bis zum Greis) betragen die Regierungsschulden. Jeder neunte Euro der Steuern muss inzwischen allein für Zinszahlungen verwendet werden. Roland Baader brachte es auf den Punkt: *„Es war schon immer die Spezialität der Sozialisten, auf Kosten anderer zu leben, sei es auf Kosten der Nicht-mehr-Lebenden (Erbschaftssteuer), der aktuell lebenden Fleißigen und Sparsamen (Steuern, Abgaben, Inflation), der weniger sozialistischen Nachbarländer (Entwicklungshilfe) oder der wehrlosen zukünftigen Generationen (Staatsverschuldung).“*

Was kennzeichnet den Umgang von Politikern mit anderer Leute Geld? Im Mittelpunkt steht die Ausrichtung auf Sonderinteressengruppen durch Subventionen, Steuervergünstigungen und Staatsaufträge, statt gleiches Recht für alle gelten zu lassen. Hinzu kommt ein kurzfristiger, auf Wiederwahlzeiträume beschränkter Horizont. Gerhard Stoltenberg als Finanzminister kann als ein Beispiel dienen, wie viele Anstrengungen erforderlich sind, um eine auch nur halbwegs vernunftgeleitete Finanzpolitik zu praktizieren.

Kein Haushalt und kein Unternehmen könnten in vergleichbarer Weise bestehen. Nur Regierungen erhalten über weite Strecken unbegrenzten Kredit, weil sie über das Monopol zur Besteuerung verfügen – und über das Geldangebotsmonopol. Verantwortungslose Schuldenmacherei bleibt daher lange scheinbar folgenlos.

Staatsschulden sind schlecht

Die Forderung, Politikern die Möglichkeit zu entziehen, lebende und ungeborene Steuerzahler durch immer weitere Schulden zu belasten, ist in erster Linie notwendig, weil die Regierungen ihr Privileg im Lauf der Geschichte ständig und grob missbraucht haben. Die Folge sind neben einer „sozial ungerechten“ Politik Wirtschaftskrisen, (soziale) Konflikte und eine Ausweitung staatlichen Handelns zu Lasten der Bürger. Dass die Politik der Dauerschuldnerei nicht dauerhaft durchführbar ist, zeigt die aktuelle Weltwirtschaftskrise. Kreditgeber sind nicht mehr voraussetzungslos bereit, der Schuldenmacherei unverantwortlich handelnder Regierungen Kredit zu gewähren. Griechenland ist ein Fingerzeig.

Staatsschulden sind schlecht. *Sie beruhen auf der Fiktion, dass jedermann auf Kosten von jedermann leben kann. Sie beflügeln den Mythos, der Staat könne Güter besser bereitstellen, insbesondere bei den Sozialsystemen.*

Sparen ist eine Tugend. Investitionen sind ohne Sparen nicht (dauerhaft) möglich. Kredite, die nicht auf Sparen der Produktion für späteren Konsum beruhen, werden früher oder später als Schwindel aufgedeckt. In der Weltwirtschaft wurde das spätestens seit August 2007 deutlich: Die Illusion der praktizierten Geld- und Kreditschöpfung aus dem Nichts, die den privaten und staatlichen Konsum auf Pump nährte, ließ sich nicht länger aufrechterhalten und platzte.

Echter Wohlstand setzt voraus, jemandem einen Nutzen zu stiften. Das bedeutet Werte schaffende Aktivitäten und nicht Aktienkurse treibende Papiergeldillusionen. Sparen ist die Voraussetzung für Kapitalbildung, Kapital die Voraussetzung für Investitionen. Investitionen schaffen Wohlstand.

Künftig: kaum gebremste Verschuldung

Die gute Nachricht zuerst: Die Regierungen der Bundesländer dürfen nach der verfassungsrechtlichen Regelung ab 2020 keine Schulden mehr aufnehmen. Nun die schlechte Nachricht: Die Bundesregierungen dürfen ab spätestens 2016 immer noch Schulden in Höhe von 0,35% des BIP machen – das sind derzeit 8,7 Mrd. Euro jährlich. Zudem hat die sogenannte Schuldenbremse zahlreiche Sollbruchstellen, nachfolgend zwei Beispiele.

„*Avanti Dilettanti*“: Für Konjunkturpolitik können immer noch bis zu 1,5 Prozent des BIP Schulden gemacht werden. Der vorgeschriebene Schuldenabbau im erhofften nachfolgenden Aufschwung hat noch nie funktioniert. Das ist umso trauriger, als Konjunkturpolitik schon bei ihrem ersten Einsatz in der Minirezession von 1966/67 und auch anschließend regelmäßig versagt hat. Sie kam zu spät, verdrängte private Wünsche und Ausgaben, belohnte dafür findige Lobbyisten. Warum sollte es Ausnahmen von der Schuldenbremse abgesehen von Naturkatastrophen und Seuchen geben dürfen?

„*Der Mops bewacht den Wurstschatz*“: Ein „kooperatives Frühwarnsystem“ aus Bundes- und Länderfinanzministern soll die Einhaltung der Schuldenbremse überwachen und Sanierungsprogramme beschließen. Ursache der Dauerschuldnerei ist kein Einnahme-, sondern stets eine Ausgabenproblem. Die Staatseinnahmen steigen von Jahr zu Jahr – von 1950: 10,7 Mrd. Euro auf 2009: 524 Mrd. Euro. Die Regierungen geben dennoch mehr Geld aus als ihnen zur Verfügung steht. Wie sollen ausgerechnet Regierungsmitglieder dem Einhalt gebieten?

Alternative: Eine wirksame Schuldenbremse

Eine wirksame Schuldenbremse muss jeden Politiker, dessen Entscheidungen Staatsausgaben und Staatsverschuldung beeinflussen, in die Pflicht nehmen. Da es leichtfällt, das Geld anderer Menschen zu „verjuxen“ und Verschuldung längst einer Droge gleicht, müssen Sanktionen wieder den Verantwortungszusammenhang herstellen, der auch im privaten Bereich besteht.

Offenkundig bieten sich Gehaltsabzüge von den Entscheidern an. Das ist auch in gestaffelter Form möglich: Neuverschuldung in Höhe von 1% des BIP für zu einem automatischen Gehaltsverlust von 20%, 2% zu 40% und 3% zu 60%.

Eine Alternative wäre ein automatisches Wiederwahlverbot. Wird die vorgeschriebene Staatsverschuldung überschritten, dürfen sich die verantwortlichen Politiker nicht zur Wiederwahl stellen, z.B. für eine Wahlperiode. Dieser Ansatz lässt sich auch mit dem zuvor genannten verbinden.

Die dritte, höchst wirksame Schuldenbremse, ist der Wechsel vom schlechten Staatsgeld zu gutem Marktgeld. Das bedeutet, dem Staat das von ihm angemaßte Monopol samt der Privilegien für Finanzinstitute zu entziehen und Geld (wieder) privat bereitzustellen.

Die Utopien von heute sind der Alltag von morgen. Eine wirksame Schuldenbremse wäre nicht zuletzt ein großer sozialer Segen. Die Wirtschaft würde viel stärker den Wünschen der Konsumenten folgen müssen und nicht mehr organisierten Interessen. Regierungen, Bürokratien und organisierte Interessen könnten die Marktwirtschaft nicht mehr in dem Maß pervertieren, wie das bisher der Fall ist. Das käme gerade weniger wohlhabenden Menschen zugute. Interventionismus und Verschuldung waren bekanntlich die Werkzeuge, mit denen in den siebziger Jahren das „Prekariat" geschaffen wurde[44].

In nahezu allen westlichen Staaten sind die Regierungsausgaben seit Jahren, wenn nicht Jahrzehnten so hoch, dass eine Umkehr auf diesem nicht tragfähigen Weg absehbar ist. Erforderlich ist nicht ein guter Wille handelnder Politiker und Bürokraten. Auch eine Verhaltensänderung der Wähler und Transferempfänger ist unwahrscheinlich. Vor allem institutionelle Anreize und Barrieren sind geeignet, die notwendige Umkehr zu unterstützen.

Schlaglicht: Staatsausgabenstopp: Institutionen machen den Unterschied

Matthew Mitchell und Nick Tuszynski haben in einem umfassenden Literaturüberblick den Einfluss von 16 Institutionen auf Staatsausgaben analysiert.[45] Sie heben hervor, dass eine hohe Staatsverschuldung die

[44] Siehe Gérard Bökenkamp: Das Ende des Wirtschaftswunders. Geschichte der Sozial-, Wirtschafts- und Finanzpolitik in der Bundesrepublik 1969-1998, Stuttgart 2010, 531.

[45] Institutions and State Spending. An Overview, in: The Independent Review 17 (2012), 35-49.

wirtschaftliche Entwicklung beeinträchtigt. Die größte Wirkung bei der Reduzierung der Staatsausgaben pro Kopf der Bevölkerung wird bemerkenswerterweise durch zwei in Deutschland weitgehend unbekannte institutionelle Lösungen erreicht:

1. die Trennung von Einnahme- und Ausgabekomitees, die sich gegenseitig blockieren, statt Ausgaben erhöhende Kompromisse zu beschließen.
2. Vetos der Gouverneure, die zu einer gezielten Reduzierung einzelner Ausgabeprojekte führen; das bedeutet, der Gouverneur stoppt nicht das gesamte Projekt, aber setzt einen niedrigeren Betrag für die geplanten Ausgaben fest.

Bezeichnenderweise haben sich Steuer- und Ausgabenbremsen als weitgehend unwirksam erwiesen. Hingegen kann die Zentralisierung von (reinen) Ausgabenkomitees in einer einzigen Institution statt mehrerer, thematisch abgegrenzter Ausgabenkomitees ebenfalls Ausgaben senkend wirken, weil die Verantwortung für die Ausgabenhöhe nicht mehr diffundiert.

Der überbordenden Staatsverschuldung Herr zu werden, gehört zu den großen Herausforderungen wohlfahrtsstaatlicher Gesellschaften. Angesichts vieler unzulänglicher Versuche in Europa und der unfassbaren Summen der sogenannten Euro-Rettungspolitik lohnt sich ein Blick über den Teich, nicht auf die Verschuldungspraxis, aber auf praktische akademische Erkenntnisse.

Reform des Steuersystems: Einheitssteuer („Flat tax“)[46]

Die Reform des Steuersystems steht im Zentrum jedes künftigen Umbaus der bundesdeutschen Republik. Das liegt zum einen daran,

[46] Stand 2005, es handelt sich um einen der wenn nicht ersten, so doch sehr frühen Artikel auf Forum Ordnungspolitik.

dass das Steuersystem auf alle Bereiche des Wirtschaftssystems einwirkt, da jeder Haushalt und jedes Unternehmen von der Steuergesetzgebung betroffen ist. Zum anderen wird die Heilung der lähmenden Wirkung des deutschen Steuergifts bereits mittelfristig erhebliche wirtschaftliche Kräfte freisetzen: Aktivitätsspielräume wachsen, Bürokratien schrumpfen, Ressourcen werden sinnvoller verwendet. Zugleich wird ungerechtes Handeln reduziert und mündige Menschen können selbst über ihr Eigentum verfügen.

Noch ist das deutsche Steuersystem ungerecht, undurchsichtig, unlogisch und hemmt die wirtschaftliche Entwicklung. Der Versuch mit Steuern zu steuern ist ein folgenschwerer Fehlschlag. In Verbindung mit der ungerechtfertigt hohen Steuer- und Abgabenlast schwindet das Vertrauen der Bürger in die Verfassung – Steuerflucht, Schwarzarbeit, Schattenwirtschaft sind bekanntlich direkte Folgen des real existierenden deutschen Steuersystems.

Es besteht jedoch Hoffnung auf Heilung. Die seit Jahren diagnostizierte Krankheit muss lediglich mit einer bereits bewährten Therapie behandelt werden.

Das beste Steuersystem der EU hat die Slowakei

Ein sehr gutes Steuersystem hat Ivan Miklos, der Finanzminister und stellvertretende Premierminister der Slowakei, 2004 verwirklicht. Die Steuerreform stellt grundlegende ökonomische Prinzipien in den Mittelpunkt, die für jedermann zugänglich in volkswirtschaftlichen Lehrbüchern stehen. Dementsprechend lauteten die Hauptziele der Reform: Effizienz, Transparenz und Allokationsneutralität (also keine Verzerrung wirtschaftlicher Entscheidungen) schaffen! Nach Ivan Miklos sollte ein unternehmens- und innovationsfreundliches Umfeld sowohl für Privatpersonen als auch für Unternehmen geschaffen, die bestehenden Schwächen und Verzerrungswirkungen des alten Steuersystems getilgt und ein deutlich faireres Steuersystem durch steuerliche Gleichbehandlung sämtlicher Arten und Beträge von Einkünften geschaffen werden.

Das einfachste und zugleich beste Verfahren ist die Einheitssteuer. Sie wurde in Verbindung mit niedrigen Standardsteuersätzen (19 Prozent) und der Streichung aller Ausnahmen und Sonderbedingungen eingeführt. Zugleich wurde der Steuerschwerpunkt von der Produktion auf den Verbrauch, also von den direkten auf die indirekten Steuern verlagert. Dabei wurde die Mehrwertsteuer auf 19% vereinheitlich, ohne ermäßigte Sätze, zumal bekannt ist, dass diese die beabsichtigten sozialpolitischen Ziele nicht fördern.

Ein marktkonformes Steuersystem

Ordnungspolitisch besonders wichtig ist, dass Steuerpolitik für die Slowakei fortan nicht mehr als Instrument staatlicher Steuerung und Umverteilung genutzt wird. Die damit einhergehende Verzerrung und Ineffizienz sind eines der politischen Grundübel. Befürchtungen von Gutmenschen und Vorkämpfern „sozialer Gerechtigkeit“ kann der slowakische Finanzminister beruhigen. So bleibt die Progressivität der effektiven Steuersätze gewahrt, 19% von 25.000 Euro sind eben deutlich weniger als 19% von 100.000 Euro. Zudem bleiben alle privaten Einkünfte unterhalb des 1,6fachen der Armutsgrenze steuerfrei. Erwähnt sei, dass die Einheitssteuer keine negativen Folgen für Menschen mit geringem Einkommen, einen vernachlässigbaren Effekt für Menschen mit mittlerem Einkommen und positive Auswirkungen für Menschen am oberen Ende der Skala hat. Das bedeutet: Arbeit lohnt sich und Investitionen in Arbeitsplätze lohnen sich.

Durch die Vereinfachung des Steuersystems wurde die Besteuerung von Dividenden, Grunderwerb, Schenkung und Erbschaft abgeschafft. Erträge aus Investitionen werden seitdem nur einmal auf der Ebene der Unternehmen besteuert. Zugleich wurden alle Ausnahmen, Freistellungen und Vorteile aus dem Körperschaftssteuerrecht gestrichen. Auf diese Weise konnten Transparenz und Unternehmensfreundlichkeit stark verbessert und das Ausmaß von Steuervermeidung und -flucht wesentlich verringert werden. Mittel- bis langfristig wird so das Steueraufkommen trotz niedriger Steuersätze steigen und bereits heute (2005) liegen die Einnahmen der Körperschaftssteuer in der Slowakei relativ höher als in Deutschland!

Von einer „Flat tax" profitieren alle Bürger

Ivan Miklos resümiert, dass *jeder* Bürger von der Reform profitiert hat, am stärksten die mit den geringsten und die mit den höchsten Einkommen. Das Steueraufkommen ist genauso hoch wie vor der Reform und wird mit dem kräftigen Wirtschaftswachstum – also mehr Arbeitsplätzen, höheren Löhnen und besserem Lebensstandard – sogar noch zunehmen. Alle Befürchtungen über dramatische negative Nebenwirkungen haben sich als haltlos erwiesen: *„Ich kann mir kaum eine bessere Sozialpolitik vorstellen als eine, die alle Bürger mit wohlbezahlten Stellen versieht.*"

Das deutsche Steuersystem gefährdet Rechtsstaat und Freiheit

Das deutsche Steuersystem ist selbst für Steuerprofessoren und Experten in den Finanzämtern ein nicht mehr überschaubarer Wirrwarr. Allein rund 218 Bundesgesetze mit steuerlichem Inhalt existieren, bezeichnenderweise sind die zuständigen Stellen nicht in der Lage, die genaue Zahl zu ermitteln. Zudem existieren mehr als 418 Ausnahmetatbestände im geltenden Einkommenssteuerrecht, von der Pendlerpauschale bis zu Sonderbesteuerungen für Parteien und Politiker. Der frühere Bundesverfassungsrichter Paul Kirchhof hat die gesetzgeberische Willkür und die Rechtsunsicherheit angeprangert, die die Freiheit gefährden. Der deutsche Rechtsstaat sei durch das Steuerrecht gleichsam zum Klientelstaat mutiert und leite die Bürger in die ökonomische Unvernunft. Schon Ludwig Erhard warnte vor dem *„modernen Wahn des Wohlfahrtsstaates"*, der dazu führe, dass jeder Bürger seine Hände in den Taschen des Nachbarn habe. Tatsächlich macht der Gesetzgeber den Bürgern, die Finanzbeamten eingeschlossen, das Leben ohne Not schwer.

Paul Kirchhof kommt zu dem Schluss, dass weniger eine Reform als vielmehr der Austausch des Steuerrechts erforderlich ist. Ein neues einfaches Einkommenssteuergesetzbuch hat er bereits vorgelegt. In seinem klugen Buch „Der Weg zu einem neuen Steuerrecht" zeigt er Grundsätze für ein freiheitlicheres und gerechteres Steuersystem auf. Mit einer Einfachsteuer von 25 Prozent bewegt sich Paul Kirchhof in Richtung des slowakischen Steuersystems. Das Kieler Institut für Weltwirtschaft geht von einer Verbesserung der Finanzlage des Staates und der Bürger durch die geplante Reform aus. Mit der Steigerung der Wettbewerbsfähigkeit, radikalen Vereinfachung des Steuersystems und drastischen Senkung der Verwaltungskosten würden beträchtliche Anreize für Investitionen geschaffen werden. Deutschland könnte das zweitbeste Steuersystem Europas etablieren.

Reform ausweiten: Finanzverfassung neu ordnen

Bei einer Reform des Steuerwesens kann es nicht bleiben. Längst besteht ein wesentlicher Teil der Staatseinnahmen nicht nur aus Steuern, sondern aus Abgaben – die Sozialabgaben machen rund 40% der Steuern und Abgaben aus. Das erforderliche Großreinemachen ist geeignet zugleich Ordnung und Transparenz in die deutsche Finanzverfassung zu bringen. Die ist in einem denkbar schlechten Zustand – gerade im Vergleich zu den Vorschriften, die der Gesetzgeber etwa Konzernen auferlegt hat. Zugleich fehlt es Bund, Bürgern und Parlament an einem Überblick über die reale Finanzlage: „*Eine konstitutionelle Pflicht zur kaufmännischen Buchführung würde Parlament und Öffentlichkeit die reale Finanzlage des Staates zeigen, denn sie enthält Abschreibungen, latente Schulden und eine Vermögensbilanz.*" urteilt der Vizepräsident des Bundesverfassungsgerichts Ferdinand Kirchhof, welcher der Bruder des ehemaligen Bundesverfassungsrichters Paul ist. Erforderlich sind:

- Eine Reform des Finanzausgleichs mit dem Ziel bündischer Solidarität, das bedeute eine garantierte finanzielle Ausstattung für jedes Bundesland, um seine Grundfunktionen erfüllen zu können, die durch andere Bundesländer anteilig finanziert wird, sobald die Landeseinnahmen geringer ausfallen.

- Eine Entflechtung der Bundes- und Gemeinschaftssteuern, die jeweils separat von Bundes- oder aber Landesbehörden erhoben werden.
- Die Einführung eines Sozialfinanzverfassungsrechts, um die beliebten „Verschiebebahnhöfe" abzubauen.
- Die Einführung eines strikten Kreditverbots zur Staatsfinanzierung anstelle der absehbar unwirksamen Schuldenbremse durch strenge Voraussetzungen für eine Kreditaufnahme, die eine Zweidrittelmehrheit im Parlament und/ oder ein Referendum des Volkes erforderlich machen.
- Ein ordnungspolitischer Befreiungsschlag im Bereich Steuern und Finanzen tut Not. An praktikablen, einfachen Vorschlägen mangelt es nicht, am politischen Willen umso mehr[47].

Gerechte Gesundheitsversorgung

„*Eine sozialmasochistische Gesellschaft weigert sich einzugestehen, dass sie gequält wird, und sieht nicht ein, dass der Schmerz von ihr selbst verursacht wird.*" konstatierte der ungarische Sozialphilosoph Anthony de Jasay in der Neuen Zürcher Zeitung im April 2005. Während de Jasay eine klare Diagnose für das europäische Sozial-Modell insgesamt stellt, trifft seine ungeschminkte Feststellung auch den Kern des bundesdeutschen Gesundheitssystems. Ineffizienz, künstliche Knappheit, Konflikte zwischen Ärzten, Patienten, Versicherungen

[47] Literaturhinweise: Ivan Miklos: Das beste Steuersystem der EU. Wie eine „Flat tax" mit Effizienz, Transparenz und Allokationsneutralität für eine gedeihliche wirtschaftliche Entwicklung sorgt, in: Frankfurter Allgemeine Zeitung vom 03.09.2005, 13. Paul Kirchhof: Der Weg zu einem neuen Steuerrecht – klar verständlich, gerecht, München 2005. Ferdinand Kirchhof: Jetzt eine moderne Finanzverfassung wagen!, in: Frankfurter Allgemeine Zeitung vom 10.01.2014, 7.

und Staatsbürokratie sowie eine Trennung in Gewinner und Verlierer sind die fatalen Folgen dieser unnötigen Staatswirtschaft. Wo politisierter Planungswahn und pseudomoralische Machtpolitik herrschen, müssen Gerechtigkeit und Gesundheit auf der Strecke bleiben.

Was ist Gerechtigkeit?

Kaum ein Begriff wurde politisch derart zerschlissen wie Gerechtigkeit. Tatsächlich ist Gerechtigkeit weit mehr als nur das, was die herrschende Meinung als gerecht ansieht: Ein konsequentes, zeitloses Verständnis von Gerechtigkeit beruht auf Feststellungen statt Urteilen und richtet sich auf individuelle Handlungen statt auf deren Ergebnisse. Warum ist das so? Sobald wir uns von Tatsachen abwenden, öffnet sich ein Ermessensspielraum für mehr oder minder willkürliche Urteile über gerechte und ungerechte Zustände.

Anthony de Jasay erläutert besonders klar und konsequent, dass es nur zwei überschneidungsfreie Reiche in der Welt der Gerechtigkeit gibt:

1. Die *ausgleichende Gerechtigkeit* folgt der Maxime „*suum cuique*“ (jedem das Seine). Auf die Frage, was gerecht ist, geben hier feststellbare Tatsachen eindeutige Antworten. *Gerechtigkeit entsteht durch gerechtes, Ungerechtigkeit durch ungerechtes Handeln.* Gerechtigkeit herrscht, sobald jeder seine Freiheiten wahrnimmt und dabei seinen Verpflichtungen nachkommt. Dementsprechend verteilen sich Vorteile und Lasten. Ein Beispiel: Arzt und Patient handeln die Heil-behandlung und ihre Kosten frei aus. Gerechtigkeit herrscht, wenn der Arzt die Leistung erbringt und der Patient die Rechnung bezahlt. Dass sich ein anderer Patient diese Behandlung nicht leisten kann, hat nichts mit Gerechtigkeit zu tun.

2. Die *verteilende Gerechtigkeit* folgt der Maxime „*jedem nach seinen* ... (jeweilige Bezugsvariable einfügen)“. Auf die Frage, was gerecht ist, geben hier persönliche Urteile unterschiedlich

auslegbare Antworten, während Tatsachen kaum eine Rolle spielen. Vorteile und Lasten hängen als Verteilungsergebnis von einer überlegten, gezielten Handlung ab, die selbst gerecht sein muss, damit auch die Verteilung gerecht ist. Das erfordert wiederum ein allgemeines (gerechtes) Kriterium für die Verteilung von Vorteilen und Lasten. Auch die ausgewählte Personengruppe der Begünstigten wie der Belasteten muss gerecht ausgewählt werden.

Welche Auswahl und Verteilung ist gerecht?

Jedem Bürger die gleiche Gesundheitsversorgung – jedem Patienten die gleiche medizinische Aufmerksamkeit – jedem Arzt die gleiche Entlohnung – jedem Bürger die gleichen Kosten – jeder Versicherung die gleichen Gesundheitsrisiken – jedem Bürger die gleiche Gesundheit – jedem Bürger das gleiche Einkommen – … ? Das Ausfüllen der Leerstelle bei der Maxime „*jedem nach seinen* ...“, mit der jeweiligen Bezugsvariable bleibt persönlicher moralischer Intuition oder einem vorgefassten normativen Ideal überlassen. Das macht ein für alle Menschen gleich geltendes Kriterium nahezu unmöglich. Umso mehr gewinnen Werturteile, (Sonder)Interessen, Parteilichkeit, ideologische Moden, blanker Opportunismus und Gruppenegoismus an Gewicht. Statt ungleiche Bürger gleich zu behandeln („*jedem das Seine*“), bleibt nun nur noch, ungleiche Bürger ungleich zu behandeln („*jedem nach seinen* ...“). Die Stärke des Rechts weicht dann dem Recht des Stärkeren.

Gibt es ein Recht auf Gesundheitsversorgung?

Vor dem Hintergrund ungleicher genetischer Startbedingungen und unterschiedlich risikoreicher Lebensführungen ist ein Recht auf Gesundheit nicht nur für Raucher, Leistungssportler, Übergewichtige, Diabetiker und Soldaten unmöglich. Mit Recht meinen Vertreter dieser Position ohnehin einen ungehinderten Zugang zu einer Gesundheitsversorgung, vielfach im Sinne einer Chancengleichheit. Aber, wie soll jeder auf das gesamte medizinische Wissen zugreifen und damit stets die optimale Diagnose und Therapie erhalten können?

Stets lassen die Umverteiler die Rechte anderer, vor allem das Eigentum, außer Acht. So ist der Nachweis erforderlich, dass alle unfreiwillig mit Steuern und Abgaben Belasteten für die Gesundheitsversorgung der anderen tatsächlich verantwortlich sind. Sonst ist es ungerecht, sie zur Abhilfe zu zwingen. Natürlich kann man einen derartigen Zwang legitimieren, aber nicht mit dem Argument der Gerechtigkeit. De Jasay konstatiert: „*Menschen Wiedergutmachung für eine Ungerechtigkeit abzuverlangen, die sie nicht begangen haben, ist selber eine Ungerechtigkeit, was den Schluss nahelegt, dass ein Gerechtigkeitskonzept, das so etwas fordert, inkohärent, also ein Produkt ungeordneten Denkens ist.*“

Wohin führt das praktisch?

Gerechtigkeit ist ein Grundbaustein jeder freien Gesellschaft. Auch im Gesundheitssystem muss Gerechtigkeit nach der Maxime „*jedem das Seine*“ wieder zu einem Maßstab werden. Ausgangspunkt sind die Freiheiten eines jeden Einzelnen, darunter Selbsteigentum, Selbstbestimmung und Wahlrecht. Gerecht ist nur eine marktwirtschaftliche Lösung. Das bedeutet freiwillige Versicherung bei privaten Krankenkassen auf Grundlage der Vertragsfreiheit. Individuelle Prämienverteilung und Umverteilung sind Aufgabe der Versicherungen. Die Regierung darf weder ein Monopol noch Markteintrittsbarrieren errichten. Wettbewerb zwischen privaten Versicherungen und Ärzten wirkt als Entdeckungsverfahren.

Realistisch, aber *nicht* gerecht, wäre folgende Ergänzung: Eine Grundversorgung wird über eine allgemeine Versicherungspflicht abgedeckt – zur Abwehr existenzbedrohender Risiken und Trittbrettfahrer. Wer mehr in seine Gesundheit investieren möchte, kann sich freiwillig individuell Teil- und Vollkasko versichern. Ökonomisch Schwache werden durch ein Versicherungsgeld geschützt, wenn ihre Versicherungsprämie einen definierten Eigenanteil übersteigt.

Ungerechtigkeit ist ein konstituierendes Merkmal politisierter Gesellschaftsbereiche. Dort kreieren organisierte Interessen einen Leistungsstaat mit Gewinnern und Verlierern unter dem Deckmäntelchen „sozial“. Es ist daher notwendig, die politische Einmischung so klein wie möglich zu machen.

Das Bayreuther Manifest zur Gesundheitsreform

Seit Jahrzehnten kritisieren Ordnungstheoretiker und -politiker die strukturellen Unzulänglichkeiten des überkommenen Gesundheitssystems, zugleich bieten sie Lösungen zu den fortdauernden Problemen an: Das Modell der Gesetzlichen Krankenversicherung (GKV) ist ineffizient, intransparent und ungerecht. Angesichts der demographischen Veränderungen gibt es drei Möglichkeiten mit der umlagefinanzierten GKV zu verfahren: Erstens mehr Geld in das marode System pumpen, zweitens Leistungen zunehmend einschränken, drittens Abschaffung durch Privatisierung.

Grundsätzlich ist die gesetzliche Versicherung mangels Wettbewerb, mangels individueller Vorsorge und Verantwortung sowie mangels Kapitaldeckung ungeeignet. Einen ordnungspolitischen Ausweg bietet der Bayreuther Professor für Volkswirtschaftslehre und Gesundheitsökonomie Peter Oberender. Das von ihm und Jürgen Zerth verfasste „Bayreuther Manifest“ zeigt den Weg in ein freiheitliches Gesundheitswesen. [48]

Individuelle Freiheit und Verantwortung

Die Reform basiert auf der individuellen Freiheit. Mit anderen Worten, Eigennutzstreben und Wettbewerb, nicht bürokratische

[48] Längst auch in Buchform erhältlich: Bayreuther Manifest – Bayreuther Versichertenmodell: Der Weg in ein freiheitliches Gesundheitswesen (Peter Oberender, Volker Ulrich, Udo Schneider, Jürgen Zerth, Stefan Felder, Andreas Werblow), Verl. PCO, Bayreuth 2006.

Planung und Steuerung, erbringen die sozial erwünschten Resultate. Bei der Einbindung in ein Kollektiv, wie in der Gesetzlichen Krankenversicherung (GKV), besteht dagegen Legitimationsbedarf, denn es entsteht ein Verantwortungsvakuum, das kostspielig aufgefüllt werden muss.

Da auch für das Gesundheitssystem die Kosten-Nutzen-Aufgabe bei knappen Ressourcen zu lösen ist, lautet die nahe liegende Lösung: Individualprinzip. Gemeint sind die Präferenzen oder Konsuminteressen der Bürger, die für ihr Handeln haften. Hier setzt der Systemwechsel an, denn das aktuell praktizierte Solidarprinzip führt über einkommensabhängige Beiträge bei beitragsunabhängigen Leistungen und gleichzeitigem Diskriminierungsverbot (z.B. Gleichstellung Frauen und Männer) zur Interventionsspirale. Die Alternative ist das Versicherungsgeld.

Versicherungswettbewerb im Gesundheitssystem

Im Gesundheitssystem der Zukunft herrscht Versicherungswettbewerb. Die Risiken der Prämiengestaltung und der Umverteilung sind Aufgabe der Versicherungen. Außerdem werden die GKV für private Anbieter geöffnet. Endlich werden Prämien entsprechend dem individuellen Risiko erhoben (aktuarische Prämien). Ein Wechsel der Krankenversicherung (KV) kann ohne Kosten vollzogen werden (Exit-Option). Kaum zu glauben, aber wahr, Abschlüsse von Verträgen zwischen KV und Ärzten bzw. deren Organisationen sind unter den Bedingungen des allgemeinem Wettbewerbsrechts erlaubt (selektive Kontrahierung) und Ärzte dürfen sich zu Organisationen zusammenschließen. Natürlich stehen nicht nur die Versicherungen, sondern auch die KV und die Ärzte im Wettbewerb.

Gesundheit für alle

Übrigens funktioniert die Versicherung ähnlich wie beim Auto. Eine Grundversorgung ist über eine allgemeine Versicherungspflicht abgedeckt; dieser Schutz dient der Abwehr existenzbedrohender Risiken und Trittbrettfahrern. Wer mehr in seine Gesundheit investieren möchte, kann sich freiwillig individuell Teil- und Vollkasko versichern. Ökonomisch Schwache werden dann durch ein Versicherungsgeld geschützt, wenn ihre Versicherungsprämie einen definierten Eigenanteil übersteigt. Jetzt fehlt nur noch jemand, der diese Reform umsetzt.

Die Gute Ordnung. Freiheit und Vielfalt[49]

Freiheit ist die Voraussetzung für Vielfalt. Freiheit und Vielfalt waren die Erfolgsgrundlagen des Westens, der sich dadurch von anderen Regionen der Erde abhob. Freiheit und Vielfalt sind in beträchtlichem Maße gewachsen und werden erneut von alten Gefahren bedroht.

Freiheit bedeutet mit Anthony de Jasay: Handeln durch Nutzen seiner Rechte unter Beachtung der Pflichten.

Freiheit ist stets individuelle Freiheit. Das liegt auch dran, dass Kollektive lediglich Konstruktionen sind – künstliche, ggf. nützliche Aggregate, aber kein Endzweck. Individuelle Freiheit ist tatsächlich alternativlos, weil ihre Aufrechterhaltung dem einzelnen Menschen größtmöglichen Schutz bietet. Zugleich ist sie Voraussetzung für individuelle Vielfalt oder die proportionierlichste Bildung der Kräfte des Einzelnen zu einem Ganzen, um Wilhelm von Humboldts Maxime zu bemühen. Und diese Vielfalt entsteht gerade im Austausch mit anderen.

Freiheit wurzelt in der Sphäre außerhalb des Staates und der Regierungen. Freiheit ist vorstaatlich. Der Staat hat die Aufgabe bestimmte Dienstleistungen zu erbringen, darunter an allererster Stelle den Schutz von Leib, Leben und Eigentum. Das ist zugleich seine – noch relativ junge – Existenzberechtigung. Die Gruppe Menschen, die wir mit dem Begriff „Staat“ kennzeichnen, handelt weder moralischer

[49] Erschienen in: Junge Freiheit am 21.01.2011, S. 18.

noch gerechter oder klüger als die Menschen, die nicht zum Staat zählen. Der Heiligenschein altruistischer Selbstaufopferung sogenannter Staatsdiener ist allzu offensichtlich eine scheinheilige Behauptung. Die meisten Menschen gehen in den Staatsdienst, weil sie dort eine vergleichsweise sichere und leichtere Arbeit entspannter verrichten können, noch dazu vielfach gut bezahlt. Die meisten Begründungen für die Existenzberechtigung des Staates öffnen den Handlungsspielraum für die Willkür derjenigen, die im Besitz der Staatsmacht sind. Allein deshalb sollte dem Staat kein Dienstleistungsmonopol eingeräumt werden. Für Lord Acton galt bekanntlich, dass Macht korrumpiert und absolute Macht absolut korrumpiert. Acton sah Freiheit als Ehrfurcht vor dem Gewissen an, er bezeichnet sie sogar als Herrschaft des Gewissens. Das Freiheitsprinzip fordere zu seiner Durchsetzung eine Beschränkung der Staatsmacht; *„denn die Freiheit ist das einzige Gute, das allen in gleichem Maße nützt und keinen ernst gemeinten Widerstand hervorruft.“* Stets darf die Macht über Menschen nur dazu dienen, die Vielfalt der Glücks- und Wohlfahrtsvorstellungen verschiedener Menschen nebeneinander bestehen zu lassen.

"Freiheit ist wesentlich, um Raum für das Unvorhersehbare und Unvoraussagbare zu lassen; wir wollen sie, weil wir gelernt haben, von ihr die Gelegenheit zur Verwirklichung vieler unserer Ziele zu erwarten. Weil jeder einzelne so wenig weiß und insbesondere, weil wir selten wissen, wer von uns etwas am besten weiß, vertrauen wir darauf, daß die unabhängigen und wettbewerblichen Bemühungen Vieler die Dinge hervorbringen, die wir wünschen werden, wenn wir sie sehen." schrieb der außerordentlich vielschichtig argumentierende Sozialphilosoph Friedrich August von Hayek in seinem Opus magnum „Die Verfassung der Freiheit“ vor 50 Jahren.

Was ist damit gemeint? Freiheit ist unerlässlich, damit wir unsere Ziele erreichen können. Freiheit dient auf einzigartige Weise der Mehrung und Zusammenführung von Wissen. Die Ergebnisse der Freiheit erfreuen uns so sehr, dass wir uns im Nachhinein (hoffentlich stets) für die Freiheit entscheiden würden. Das liegt nicht zuletzt an der durch sie ermöglichten Vielfalt. Mangelnde Freiheit verdeutlicht das schnell: Das Mangelsymbol im Automobilbereich ist der Trabbi. Im Nationalsozialismus war Jazz als „entartet“ verboten genauso wie Musik von Künstlern, die (zufällig) Nationen von Kriegsgegnern angehörten. Welche Lebensfreude bietet die Virtuosität des Jazz, die Leidenschaft des Rock, das Erbauliche der klassischen Musik.

Kritiker werfen Freiheitsfreunden vor, dass sie Selbstsucht förderten. Tatsächlich wird Selbstsucht gerade durch die Selbstsucht des anderen beschränkt. Es kommt nur zum Tausch, wenn beide Tauschpartner einen Vorteil erlangen. Soziales Handeln findet seine Grenzen in den Interessen und Konventionen der Mitmenschen. Wird jedem seine Freiheit belassen, so müssen beide ihre Selbstsucht dem gemeinsamen Interesse unterordnen – aus freien Stücken. Das gilt gerade auch, weil Individuen eingebunden sind in ihre Familie, den Kreis von Freunden und Bekannten, die Nachbarschaft und die Gemeinde.

Die Folge dieser Kooperation ist sich entfaltende Kreativität. Die Resultate können wir heute nahezu überall betrachten, auch wenn Vieles allzu selbstverständlich geworden ist. Auffällig ist zunächst die unglaubliche Vielfalt der Güter und Dienstleistungen. Sie erlauben uns ein besseres, ein gesünderes und froheres Leben zu führen, auch wenn die Wahl zur Qual werden kann und zuweilen nicht ohne Reue bleibt. Dazu gehören bahnbrechende medizinische Entwicklungen sowie die Qualität und Vielfalt verfügbarer Lebensmittel im Vergleich zum Jahr 1900 oder gar 1700. Mobiles Telefonieren ist längst für jedermann bezahlbar geworden. Ein einzelnes Musikstück kann heute online nahezu jederzeit und überall erworben werden. Im Multimediabereich hat sich eine Vernetzungs- und damit Wissensrevolution vollzogen, deren Träger das Internet und darin enthaltene soziale Dienste wie Facebook sind. Grenzen werden virtuell und das ist gut so. Es sei denn, man gehört zum Staatsapparat in Iran, Kuba oder Nord-Korea. Dann stellt globale Teilnahme und Teilhabe eine Bedrohung der Herrschaft dar. Globalisierung ist vor allem die Ausdehnung der Kooperation von Menschen über nationale Grenzen hinweg. Sie beruht auf der Freiheit der Kooperation und erzeugt atemberaubende Vielfalt, nicht zuletzt, weil es möglich ist, Gewohntes in Frage zu stellen. Eine materiell bessere Welt als heute hat es nicht gegeben.

Vielfalt fördert Freiheit. Im Mittelpunkt stehen Frieden und Freihandel. Wer mit Menschen anderer Regionen zusammen kommt, lässt sich regelmäßig nicht einreden, man müsse diese Menschen beherrschen, berauben, gar töten oder ihr Territorium in Besitz nehmen. Mit Montesquieu: „*Der Handel glättet und besänftigt die Sitten der Barbarei.*" Wer gerne ins Ausland reist und dort etwa eine Region schätzt, der mag nicht nur die Landschaft, sondern in der Regel auch die Menschen. Wer wie Reinhold Messner in einem engen Tal aufgewachsen ist und die Möglichkeit hatte, seinen Horizont zu erweitern, der schätzt die gewonnene Freiheit. Es handelt sich um ein zeitloses Phänomen wie das Beispiel von Vermeers Hut zeigt, der aus kanadischen Biberpelzen gefertigt wurde, weil sich für Biberhüte im 16. Jahrhundert ein Hutmarkt zu entwickeln begann. Vielfalt, darunter vielseitige Kontakte und Sichtweisen, befördert Vielfalt. In der Regel sind es Kriege, die Vielfalt und Freiheit ein Ende setzen, darunter die Urkatastrophe des 20. Jahrhunderts.

Freiheit und Vielfalt sind Erfolgsgrundlagen des Westens. Die Geschichte Europas lässt sich als Geschichte der Freiheit erzählen. Sie beruht auf Machtdezentralisation, Eigentums- und Persönlichkeitsrechten und der Herrschaft des Rechts. Am Anfang steht die Reform Solons von Athen im 6. Jahrhundert vor Christus, der die *Isonomia* etablierte, die Gleichheit der Vollbürger. Der griechischen Antike verdanken wir die „*Rule of law*" anstelle einer „*Rule of men*". Die Römer fügten das *Privateigentum* und die *Privatperson* hinzu. Im Mittelalter setzte die päpstliche Revolution säkularer Herrschaft Grenzen. Die demokratischen und kapitalistischen Revolutionen seit dem 17. Jahrhundert haben Europa eine lange Zeit einzigartige Entwicklung und Stellung in der Welt ermöglicht. Im Mittelpunkt steht die *Ordnung der Vielfalt und Freiheit*. Der Staat ist nur dann legitim, „*wenn er nicht länger einen Absolutheitsanspruch erhebt und wenn er sich mit einem instrumentellen Status zufriedengibt. Das ist die Grundlage der Demokratie.*" betont der französische Philosoph Philippe Nemo.

Freiheit bedeutet Unterschiedlichkeit anerkennen. Verschiedenheit öffnet Handlungsspielräume und neue Kombinationsmöglichkeiten. Ein Such- und Irrtumsprozess setzt ein, der auf Ungleichheit und Unsicherheit beruht. Bei weitreichender Gleichheit und Entscheidungssicherheit gibt es kaum noch etwas zu entdecken. Wissen Sie wie komplex, unsicher und ungeplant der Herstellungsprozess eines einfachen Bleistifts ist? Leonard Read schildert das unnachahmlich in seiner berühmten Geschichte „Ich, der Bleistift."

Möchte jetzt noch jemand meine frühere Behauptung in Frage stellen: Keine Einzelperson auf dieser Erde weiß, wie ich hergestellt werde? Es verhält sich in der Tat so, dass Millionen menschlicher Wesen ihre Hand bei meiner Herstellung anlegen und ein jedes nur ganz wenige der anderen kennt.

Leonard E. Read.: „I. Pencil"

Vielfalt stärkt Freiheit durch Dezentralität, Macht wird durch Konkurrenz eingehegt. In ökonomischer Hinsicht gilt: der Markt ist ein Gewinn- und Verlustsystem, das sich tatsächlich selbst reguliert, wenn die Konsumenten den Ton angeben dürfen. Machtballung bedroht Freiheit und Vielfalt, häufig erklärtermaßen in guter Absicht. Das gilt primär für hoheitliche Macht, denn wirtschaftliche Macht kann anders als das staatliche Monopol herausgefordert werden. Folglich hat Kleinstaaterei gewichtige Vorteile, zumal die Wohlfahrt des Einzelnen wie einer Nation nichts mit Größe zu tun haben. Die Kette prosperierender Kleinstaaten reicht in der Geschichte von der Polis Athen über Venedig und Holland bis zu Hong Kong, Luxemburg und Monaco. Handel findet nicht zwischen Nationen, sondern Menschen statt. Nationen besitzen nichts, nur Individuen tun dies. Europa war vor allem Vielfalt: Vielfalt der Kulturen, Sprachen, Mentalitäten, Lebens- und Wirtschaftsweisen. Die aktuellen Forderungen nach mehr Zentralismus, und sei es in Form einer Wirtschaftsregierung, bedrohen Vielfalt und Freiheit.

Die Flucht in den Zentralismus erfolgt regelmäßig, um politischen Misserfolg zu kaschieren, von Machterwägungen einmal abgesehen.

Besser ist es, das Problem an die darunter liegende Ebene zurückzuverweisen. *Im EU-Zentralismus ist die Bürokratisierung des gerade herrschenden Irrtums vorprogrammiert – mit dem absehbaren Ergebnis: Einfalt statt Vielfalt.* Das gilt umso mehr als es keine Aufsicht für die Aufsicht gibt. Immer höher delegieren bedeutet, sich immer weiter von den Sphären zu entfernen, in denen die Menschen leben. Die Französische Revolution hat die despotischen Folgen eines revolutionären Zentralismus offenbart, genauso wie eine auf Gleichheit gestützte Eliminierung aller Traditionen. Heute lauten die Schlagworte einer schleichenden Revolution: Gender Mainstreaming, Anti-Familienpolitik im Namen der Familien, Anti-Diskriminierung und Zerstörung des Privateigentums. Demokratie ist leider kein Anwalt der Freiheit!

Zu den Gefahren, die derzeit die Freiheit bedrohen, zählen nicht zuletzt die politischen Reaktionen auf die Weltwirtschaftskrise. Das Grundübel ist das staatlich beherrschte Kredit- und Geldsystem. Das Staatsgeldsystem verursacht zwangsläufig Wirtschaftskrisen. Es existiert, weil die Regierungen für Kriege und Wohlfahrtsausgaben nicht genug Kredit bekommen. Eine falsche Krisendiagnose vergrößert durch vermeintliche Rettungsmaßnahmen lediglich die Krisenursachen: mehr Kredit, mehr Geld, mehr Schulden, mehr verfehlte Regulierung, mehr Umverteilung vom Steuerzahler auf am Markt gescheiterte Unternehmen, Investoren und Regierungen.

Gleichwohl gibt es immer Grund optimistisch zu bleiben. Die Welt wird immer besser, lebenswerter. Freiheit und Vielfalt sei Dank. Freiheit, Marktwirtschaft und Selbstbestimmung dringen durch alle Poren, weltweit überall wo möglich – restaurativen Rückschlägen zum Trotz. Selbst die Statistik zeigt für weite Teile der Welt eindeutig: Daumen hoch. Interventionismus wirft Menschen allenfalls zeitlich befristet zurück. Umso schlimmer für diejenigen, die darunter leiden müssen.

Es ist Zeit, sich wieder die grundlegende Einsicht der Freunde der Freiheit des 18. und 19. Jahrhunderts vor Augen zu führen: eine

Gesellschaft kann sich im Großen und Ganzen selbst regeln. Eine gute Ordnung entsteht zuallererst durch menschliches Handeln, das ungeplant Traditionen als Regelsysteme ausbildet, aber nicht durch menschlichen Entwurf. Vertrauen wir also den unsichtbaren Händen vieler statt der starken Hand des zuweilen stumpfen Hirns weniger. Bereits die Aufhebung aller Systeme der Förderung und Beschränkung wird dazu führen, dass sich das natürliche System der Freiheit von selbst einstellt. Die Sehnsucht nach Freiheit, Schönheit, Gemeinschaft, Individualität, Verwurzelung und Geborgenheit statt dem Mythos politischer Machbarkeit ist unübersehbar.

Es gilt die Schweigespirale zu durchbrechen, Alternativen für die staatlichen Monopole zu schaffen und an die Stelle des Prinzips Zwang freiwillig geschlossene Verträge treten zu lassen – kurz: Freiheit leben!

Zum Weiterlesen

Daniel Zimmer: Weniger Politik! Plädoyer für eine freiheitsorientierte Konzeption von Staat und Recht, C. H. Beck, München 2013.
Auf dem gelben Cover ist ein Zitat abgedruckt: „*Unsere Freiheit ist in Gefahr, weil die Politik immer mehr Lebensbereiche mit beschränkenden Regeln erfasst.*" Wenn selbst Juristen diese Auffassung vertreten, sollten die Bürger besorgt sein. Nun ist der Vorsitzende der Monopolkommission und Direktor des Center for Advanced Studies in Law and Economics der Universität Bonn kein gewöhnlicher Jurist. Er begreift Recht als Infrastruktur zur Ausübung von Freiheiten, das ist eine großartige Auffassung, die in bester kantianischer und klassisch-liberaler Tradition steht; eine bemerkenswert unzeitgemäße Auffassung.

Robert Nef: Lob des Non-Zentralismus, Argumente der Freiheit Bd. 8, Sankt Augustin 2002 (kostenloser Download im Internet verfügbar).
Der Schweizer Humanist Robert Nef hat ein konsequentes und konzises Plädoyer für den Aufbau einer freien Gesellschaft verfasst, das zeitlose Gültigkeit besitzt. Non-Zentralismus ist kein Anti-Zentralismus, das wäre Sezession, sondern die friedliche Neugründung von Kompetenzen auf der niedrigstmöglichen Ebene. Die autonome Gemeinde wird so wieder zur Urzelle des Staates. Non-Zentralismus ist auch kein Föderalismus oder Subsidiarität, da diese nicht weit genug gehen, wie Robert Nef anschaulich erläutert. Aufgabe der Zeit ist für den Präsidenten des Stiftungsrates Stiftung für Abendländische Ethik und Kultur, ein friedliches Konkursverfahren des Zentralstaates vorzubereiten mit dem Non-Zentralismus als Kernprinzip. Es gibt eine vielversprechende Alternative zum EU-Europa.

Christian Hoffmann und Pierre Bessard (Hg.): Sackgasse Sozialstaat-Alternativen zu einem Irrweg, Edition Liberales Institut, Zürich 2011.
„*Der Rückzug aus dem Sozialstaat ist die grosse Herausforderung der Wissensgesellschaft des 21. Jahrhunderts.*" konstatiert Pierre Bessard in seinem Vorwort zu diesem außerordentlich lesenswerten Kompendium. Und Christian Hoffmann stellt in seiner prononcierten Einleitung fest, da der Sozialstaat als solches gescheitert ist: „*Fassen wir also den Mut, das Scheitern alter Rezepte anzuerkennen. Lassen wir uns von Bequemlichkeiten und Tabus*

nicht davon abhalten, Alternativen zu erkunden.“ In diesem spannenden Feld bewegen sich die perspektivenreiche Demontage des Sozialstaats und Ansätze für freiheitliche Auswege. Ein Plädoyer für Vorsorge statt Versicherung, der geradezu neidisch machende Erfolg chilenischer Altersvorsorge und die Vorzüge des Gesundheitssystems in Singapur illustrieren funktionierende Alternativen.

Donald J. Boudreaux: Globalization, Greenwood Guides to Business and Economics, Westport 2008.
Wer ein sehr präzises und bildendes Buch über Globalisierung sucht, der sollte an diesem kleinen Meisterwerk nicht vorübergehen, trotz des Preises. Entstehung und Entwicklung werden genauso erläutert wie die ungeheuren Wohlstandsfortschritte, die durch das „*Fortschreiten der Kooperation von Menschen über nationale Grenzen hinweg*“ – vulgo Globalisierung – verursacht wurden. Ferner enthält es eine stringente Erläuterung der Gründe für Handel und dessen Auswirkungen genauso wie die überzeugende Entkräftung landläufiger Vorurteile. Dazu gehört der Mythos des Handelsbilanzdefizits. Der in acht Kapitel gegliederte kompakte Band schießt mit einer Analyse der Institutionen, die die Globalisierung vorantreiben.

Herbert Ludwig: EU oder Europa? Die Entscheidungsfrage der europäischen Entwicklung zur freien Individualität, Pro Business, Berlin 2012.
Geistige Höhenflüge und geistige Unabhängigkeit gehen Hand in Hand. Das werden Sie nach der Lektüre des gleichermaßen aktuellen, wie zeitlosen Essays von Herbert Ludwig spüren. Die Verankerung des Einzelnen als Teil der Völker Europas in Freiheit und Selbstbestimmung, die engen Grenzen des Staates als Diener und nicht als unerbittlicher bürokratischer Moloch, der das gesamte Dasein machtpolitisch dominiert und nivelliert, schließlich die Rückkehr zu dem was die menschliche Seele in den Völkern und ihrem Zusammenklang ausmacht, bilden wesentliche Gedankenstränge dieser wahrhaft europäischen Schrift. „*Die Freiheit ist ein Ideal ... an ihm muss die Wirklichkeit gemessen und sukzessive verändert werden.*“ Damit benennt Herbert Ludwig den einzig menschengemäßen Weg, den es für Europa geben kann.

Stefan Blankertz: Das libertäre Manifest. Zur Neubestimmung der Klassentheorie, edition g 104, Books on Demand, Berlin 2013.
„Heute könnte die *Idee* des Kapitalismus zur gefürchteten Waffe an den Rand Gedrängter gegen die herrschende Koalition aus Bürokraten und Unternehmern sowie Arbeiterfunktionären werden.“ schreibt der Soziologe und Pädagoge einführend in seinem zum Nachdenken anregenden Band. Der libertäre Publizist argumentiert perspektiven- und facettenreich, dass alle gesellschaftlichen Funktionen besser erfüllbar wären, wenn sie freiwillig und nicht staatlich oder in Folge staatlichen Zwangs realisiert würden. Der Band ist Ideologiekritik und Denkgrundlage für eine neue Gesellschaft in einem, er erschließt sich nur lesend – viel Freude!

Quellenangaben

Kleine Bibliothek – statt eines Literaturverzeichnisses

Breviere – Einstieg in und Minibibliothek für die Freiheitsphilosophie

Gérard Bökenkamp (Hg.): Markt, Freiheit und Reform. Ein Milton-Friedman-Brevier, Zürich 2012.

Alexander Dörrbecker (Hg.): Geschichte und Freiheit. Ein Lord Acton Brevier, Zürich 2010.

Peer-Robin Paulus (Hg.): Unter freien Menschen. Ein Wilhelm-von-Humboldt-Brevier, Bern 2008.

Michael von Prollius (Hg.): Herrschaft oder Freiheit. Ein Alexander Rüstow Brevier, Bern 2007.

Robert Nef (Hg.): Dichter der Freiheit. Ein Friedrich Schiller-Brevier, Thun 2006.

Gerd Habermann (Hg.): Freiheit oder Gleichheit. Ein Alexis de Tocqueville-Brevier, Thun 2005.

Gerd Habermann (Hg.): Vision und Tat. Ein Ludwig-Erhard-Brevier, 2. Auflage Thun 2005.

Karen I. Horn (Hg.): Die liberale Demokratie. Ein Benjamin-Constant-Brevier, Thun 2004.

Detmar Doering (Hg.): Vernunft und Leidenschaft. Ein David-Hume-Brevier, Thun 2003.

Gerd Habermann (Hg.): Der Weg zum Wohlstand. Ein Adam-Smith-Brevier, Thun 2002.

Marianne Diem, Claus Diem (Hg.): Der Staat die große Fiktion. Ein Claude-Frederic-Bastiat-Brevier, Thun 2001.

Roland Baader (Hg.): Logik der Freiheit. Ein Ludwig-von-Mises-Brevier, Thun 2000.

Gerd Habermann (Hg.): Das Maß des Menschlichen. Ein Wilhelm-Röpke-Brevier, Thun 1999.

Gerd Habermann (Hg.): Philosophie der Freiheit. Ein Friedrich-August-von-Hayek-Brevier, 2. Auflage Thun 1999.

Freiheitskeime – anregendes Querdenken libertärer Autoren

Henning Lindhoff (Hg.): Freiheitskeime 2014. Ein libertäres Lesebuch, Norderstedt 2014.

Henning Lindhoff (Hg.): Freiheitskeime 2013. Ein libertäres Lesebuch, Norderstedt 2012.

Henning Lindhoff (Hg.): Freiheitskeime 2013. Ein libertäres Lesebuch, Norderstedt 2011.

Tag der Freiheit – Gedanken zur Freiheit

17 Zeilen für die Freiheit. Tag der Freiheit 2013. Individuelle Freiheitsgedanken zum Tag der Freiheit 2013, hg. Von Michael von Prollius und Christoph Widenhorn, Books on Demand, Berlin 2014.

17 Zeilen für die Freiheit. Tag der Freiheit 2012. Individuelle Freiheitsgedanken zum Tag der Freiheit 2012, hg. von Michael von Prollius und Christoph Widenhorn, Books on Demand, Berlin 2012.

Bücher – überwiegend auf Forum Ordnungspolitik besprochen – und Klassiker

Ackermann, Ulrike (Hg.): Welche Freiheit. Plädoyers für eine offene Gesellschaft, Berlin 2007

Baader, Roland: Geldsozialismus. Die wirklichen Ursachen der neuen globalen Depression, Gräfelfing 2010.

ders.: Das Kapital am Pranger. Ein Kompaß durch den politischen Begriffsnebel, Gräfelfing 2005.

ders.: Geld, Gold und Gottspieler. Am Vorabend der nächsten Weltwirtschaftskrise, Gräfelfing 2004.

ders.: totgedacht. Warum Intellektuelle unsere Welt zerstören, Gräfelfing 2002.

ders.: Kreide für den Wolf. Die tödliche Illusion vom besiegten Sozialismus, Erstauflage Böblingen 1991, Neuauflage als E-Book 2014, hg. vom Freiheitswerk (kostenloser Download).

Bagus, Philipp: Die Tragödie des Euro. Ein System zerstört sich selbst, München 2011.

Ballvé, Faustino: Essentials of Economics. A Brief Survey of Principles and Policies, mexikanische Erstauflage 1956, 2. engl. Auflage 1995.

Baring, Arnulf: Scheitert Deutschland? Abschied von unseren Wunschwelten, Stuttgart 1997.

Bernays, Edward: Propaganda. Die Kunst der Public Relations, englische Erstauflage 1928, deutsche Neuauflage Kempten 2009.

Bieri, Peter: Wie wollen wir leben?, 3. Auflage Salzburg 2011.

Blankertz, Stefan: Das libertäre Manifest. Zur Neubestimmung der Klassentheorie, Berlin 2013.

ders.: minimalinvasiv. Acht kritische Nachträge, Berlin 2012.

Bökenkamp, Gérard: Das Ende des Wirtschaftswunders. Geschichte der Sozial-, Wirtschafts- und Finanzpolitik in der Bundesrepublik 1969-1998, Stuttgart 2010.

Boudreaux, Donald J.: Hypocrites & Halfwits. A Daily Dose of Sanity from Cafe Hayek, Austin 2012.

ders.: Globalization, Westport 2008.

Braunschweig, Christoph: Die demokratische Krankheit. Der fatale Teufelskreis aus Politikerversprechen und Wähleranspruch, München 2012

Caplan, Bryan: The Myth of the Rational Voter. Why Democracies choose Bad Politics, Princeton 2007.

Ederer, Günter: Die Sehnsucht nach einer verlogenen Welt. Unsere Angst vor Freiheit, Markt und Eigenverantwortung. Über Gutmenschen und andere Scheinheilige, 1. Auflage München 2000.

Erhard, Ludwig: Deutsche Wirtschaftspolitik. Der Weg der Sozialen Marktwirtschaft, Düsseldorf 1962.

ders.: Wohlstand für alle, Erstauflage 1957, Neuauflage Düsseldorf 2000.

Eucken, Walter: Grundsätze der Wirtschaftspolitik, 6. Auflage Tübingen 1990.

Gebauer, Carlos A.: Warum wir alle reich sein könnten. Und wie unsere Politik das verhindert, Grevenbroich 2008.

Geppert, Dominik: Ein Europa, das es nicht gibt. Die fatale Sprengkraft des Euro, Berlin 2013.

ders.: Maggie Thatchers Rosskur – Ein Rezept für Deutschland?, Berlin 2003.

Habermann, Gerd: Der Wohlfahrtsstaat. Ende einer Illusion, 3. Auflage München 2013.

Handbuch zur intellektuellen Selbstverteidigung. Beliebte wirtschaftspolitische Mythen im Stresstest, hg. von der Denkfabrik Agenda Austria in Kooperation mit Avenir Suisse, Wien o.J.

Hayek, Friedrich August von: Entnationalisierung des Geldes. Eine Analyse der Theorie und Praxis konkurrierender Umlaufmittel, 1. Auflage Tübingen 1977.

ders.: Die Verfassung der Freiheit, englische Erstauflage 1960, 1. Auflage Tübingen 1971.

ders.: Der Weg zur Knechtschaft, englische Erstauflage 1944, München 1994.

Hazlitt, Henry: Economics in one lesson. The shortest and surest way to understand basic economics, englische Erstauflage 1946, deutsch unter dem Titel „Die 24 wichtigsten Regeln der Wirtschaft", München 2014.

ders.: Man vs. The Welfare State, Erstauflage 1969, Neuauflage Auburn 2007.

ders.: What You Should Know About Inflation, Nachdruck der 2. Auflage von 1965, Auburn 2007, kostenloser Download bei www.mises.org.

ders.: Will Dollars Save the World? Erstauflage New York, London 1947, Neuauflage Auburn 2007, kostenloser Download bei www.mises.org.

Hax, Herbert: Unternehmen und Unternehmer in der Marktwirtschaft, Göttingen 2005.

Hennecke, Hans Jörg: Friedrich August von Hayek zur Einführung, Hamburg 2008.

ders.: Wilhelm Röpke, Ein Leben in der Brandung, Stuttgart 2005.

Higgs, Robert: Resurgence of the Warfare State. The Crisis since 9/11, Oakland 2005.

Hochreiter, Gregor: Krankes Geld, kranke Welt. Analyse und Therapie der globalen Depression. Mit einem Vorwort von Roland Baader, Gräfelfing 2010.

Hoffmann, Christian und Pierre Bessard (Hg.): Sackgasse Sozialstaat – Alternativen zu einem Irrweg, Zürich 2011.

dies.: Aus Schaden klug? Ursachen der Finanzkrise und notwendige Lehren, 1. Auflage Zürich 2009.

Hoppe, Hans-Herrmann: Demokratie. Der Gott, der keiner ist, Waltrop und Leipzig 2003.

Hülsmann, Jörg Guido: Krise der Inflationskultur. Geld, Finanzen und Staat in Zeiten der kollektiven Korruption, München 2013.

ders.: Die Ethik der Geldproduktion, Waltrop und Leipzig 2007.

Humboldt, Wilhelm von: Ideen zu einem Versuch, die Grenzen der Wirksamkeit des Staates zu bestimmen, Stuttgart 2002.

de Jasay Anthony: Liberale Vernunft – Soziale Verirrung, hg. von Kurt R. Leube, European Center of Austrian Economics Foundation Liechtenstein, Colombo 2008.

ders.: Liberalismus neu gefasst – für eine entpolitisierte Gesellschaft, Frankfurt am Main 1995.

Kirchhof, Paul: Der Weg zu einem neuen Steuerrecht – klar, verständlich, gerecht, München 2005.

Kohr, Leopold: Das Ende der Grossen – zurück zum menschlichen Maß, englische Erstauflage 1957, 2. Auflage Salzburg, Wien 2002.

Knabe, Hubertus: Die Täter sind unter uns. Über das Schönreden der SED-Diktatur, 3. Auflage 2007

Kromka, Franz: Markt und Moral. Neuentdeckung der Gründerväter, Grevenbroich 2008.

Kurzka, Wieland: Im Paragraphenrausch. Überregulierung in Deutschland – Fakten, Ursachen, Auswege, Gräfelfing 2005.

Laer, Wolf von: Probleme des etablierten Notenbanksystems – Free Banking als Alternative?, Berlin 2010 (kostenloser Download möglich).

Leoni, Bruno: Freedom and the Law, New York u.a. 1961.

Ludwig, Herbert: EU oder Europa? Die Entscheidungsfrage der europäischen Entwicklung zur freien Individualität, Berlin 2012.

Marquart, Andreas und Philipp Bagus: Warum andere auf ihre Kosten immer reicher werden ... und welche Rolle der Staat und unser Papiergeld dabei spielen, München 2014.

Mierzejewski, Alfred C.: Ludwig Erhard. Der Wegbereiter der Sozialen Marktwirtschaft. Biografie, englische Erstauflage 2004, München 2005.

Mises, Ludwig von: Der Wert der besseren Ideen. Sechs Vorlesungen über Wirtschaft und Politik, München 2008.

ders.: Die Gemeinwirtschaft. Untersuchungen über den Sozialismus, Erstauflage 1922, unveränderter Nachdruck der zweiten Auflage von 1932, Stuttgart 2007.

ders.: Die Bürokratie, englische Erstauflage 1944, 2. Auflage Sankt Augustin 2004.

ders.: Die Wurzeln des Antikapitalismus, englische Originalausgabe 1956, dritte Auflage Colombo 2007.

Müller-Armack, Alfred: Wirtschaftslenkung und Marktwirtschaft, Neuauflage München 1990.

Nef, Robert: Lob des Non-Zentralismus, Sankt Augustin 2002 (kostenloser Download möglich).

Norberg, Johann: In Defence of Global Capitalism, Stockholm 2001 (deutsche Übersetzung: Das Kapitalistische Manifest: Warum allein die globalisierte Marktwirtschaft den Wohlstand der Menschheit sichert).

Nemo, Philipp: Was ist der Westen? Die Genese der abendländischen Zivilisation, Tübingen 2005.

Olson, Mancur: Aufstieg und Niedergang von Nationen. Ökonomisches Wachstum, Stagflation und soziale Starrheit, 2. Auflage Tübingen 1991.

ders.: Die Logik des kollektiven Handelns. Kollektivgüter und die Theorie der Gruppen, 1. Auflage 1968, 5. Auflage Tübingen 2004.

Pierenkemper, Toni: Geschichte des modernen ökonomischen Denkens. Große Ökonomen und ihre Ideen, Göttingen 2012

Plickert, Philip: Wandlungen des Neoliberalismus. Eine Studie zur Entwicklung und Ausstrahlung der „Mont Pèlerin Society", Stuttgart 2008.

Polleit, Thorsten und Michael von Prollius: Geldreform. Vom schlechten Staatsgeld zum guten Marktgeld, 1. Auflage Grevenbroich 2010.

Prollius, Michael von: Die Euro-Misere. Essays zur Staatsschuldenkrise, Jena 2011.

ders.: Die Pervertierung der Marktwirtschaft. Der Weg in die Staatswirtschaft und zurück zur Sozialen Marktwirtschaft, München 2009.

ders.: Kleines Lesebuch über die Verfassung der Freiheit, ausgewählt, eingeleitet und kommentiert von Michael v. Prollius, Berlin 2008.

ders.: Deutsche Wirtschaftsgeschichte nach 1945, Göttingen 2006.

Rausch, Michael und Michael Ferber: Die heimliche Enteignung. So schützen Sie Ihr Geld vor Politikern und Bankern, München 2012.

Read, Leonard E.: Ich, der Bleistift (www.forum-ordnungspolitik.de/zum-mitnehmen/ich-der-bleistift). Der Essay erschien unter dem Titel „I, Pencil" erstmals 1958 in der Zeitschrift „The Freeman", die von der Foundation for Economic Education (www.fee.org) herausgegeben wird. Der Essay kann auf der FEE-Webseite sowohl als Text als auch als Audiodatei heruntergeladen werden.

Röpke, Wilhelm: Marktwirtschaft ist nicht genug. Gesammelte Aufsätze, hg. v. Hans Jörg Hennecke, Waltrop und Leipzig 2009.

ders.: Jenseits von Angebot und Nachfrage. Ein Klassiker der Sozialen Marktwirtschaft, Nachdruck der 1958 erschienenen 1. Auflage, Düsseldorf 2009.

ders.: Die Gesellschaftskrisis der Gegenwart, 6. Auflage Erlenbach-Zürich, Stuttgart 1979.

ders.: Die Lehre von der Wirtschaft, 1. Auflage 1937, 13. Auflage Bern u. a. 1994.

Roberts, Russell: The Price of Everything. A Parable of Possibility and Prosperity, Princeton University Press, Princeton 2008

Rüstow, Alexander: Rede und Antwort, Ludwigsburg 1963.

Schiff, Peter D. and Andrew J. Schiff: How an Economy Grows and Why it Crashes, Hoboken 2010.

Schüller, Alfred und Hans-Günter Krüsselberg (Hg.): Grundbegriffe zur Ordnungstheorie und Politischen Ökonomik, 6. durchgesehene und ergänzte Auflage, Marburg 2004.

Schulak, Eugen Maria und Herbert Unterköfler: Die Wiener Schule der Nationalökonomie. Eine Geschichte ihrer Ideen, Vertreter und Institutionen, Weitra 2009.

Sennholz, Hans F.: Money and Freedom, Libertarian Press, Grove City 1985.

Siebert, Horst: Jenseits des Sozialen Marktes. Eine notwendige Neuorientierung der deutschen Politik. München 2005.

Somary, Felix: Krise und Zukunft der Demokratie, Erstauflage 1952, Neuauflage der 3. Auflage von 1984, Jena 2010.

de Soto, Jesús Huerta: Die Österreichische Schule der Nationalökonomie – Markt und unternehmerische Kreativität, deutsche Erstausgabe hg. vom Friedrich August von Hayek Institut, Wien 2007.

Sowell, Thomas: The Housing Boom and Bust, New York 2009.

Sprenger, Reinhard K.: An der Freiheit des anderen kommt keiner vorbei. Das Beste von Reinhard K. Sprenger, Frankfurt am Main 2013.

ders.: Der dressierte Bürger. Warum wir weniger Staat und mehr Selbstvertrauen brauchen, Frankfurt am Main 2005.

Taghizadegan, Rahim: Wirtschaft wirklich verstehen. Einführung in die Österreichische Schule der Ökonomie, München 2011.

Taleb, Nassim Nicholas: The Black Swan. The Impact of the Highly Improbable, Erstauflage 2007, London 2008.

van Suntum, Ulrich: Die unsichtbare Hand. Ökonomisches Denken gestern und heute, 2. Auflage Berlin u.a. 2001.

Weede, Erich: Unternehmerische Freiheit und Sozialstaat, Jena 2008.

ders.: Mensch, Markt und Staat. Plädoyer für eine Wirtschaftsordnung für unvollkommene Menschen, Stuttgart 2003.

Willeke, Franz-Ulrich: Deutschland, Zahlmeister der EU. Abrechnung mit einer ungerechten Lastenverteilung, München 2011.

Woods, Thomas E. jr.: Sternstunden statt dunkles Mittelalter. Die katholische Kirche und der Aufbau der abendländischen Zivilisation, Aachen 2006.

Zimmer, Daniel: Weniger Politik! Plädoyer für eine freiheitsorientierte Konzeption von Staat und Recht, München 2013.

Zweig, Stefan: Die Welt von Gestern. Erinnerungen eines Europäers, Erstauflage Stockholm 1944, Frankfurt am Main 1996.

Leseempfehlungen im Internet

Agenda Austria http://www.agenda-austria.at

Cafe Hayek http://cafehayek.com/

Denken für die Freiheit http://liberalesinstitut.wordpress.com/

eigentümlich frei http://www.ef-magazin.de/

European Center of Austrian Economics Foundation http://www.ecaef.li

Forum Ordnungspolitik http://www.forum-ordnungspolitik.de/

Friedrich August von Hayek-Gesellschaft http://www.hayek.de/

Liberales Institut, Schweiz http://www.libinst.ch/

Ludwig von Mises Institute http://mises.org/

Ludwig von Mises Institut Deutschland http://www.misesde.org

mises.de – Die Österreichische Schule der Volkswirtschaftslehre http://www.mises.de/

The Freeman – Ideas on Liberty http://www.thefreemanonline.org/

Wirtschaftliche Freiheit http://wirtschaftlichefreiheit.de/wordpress/

Forum Ordnungspolitik

Forum Ordnungspolitik (www.forum-ordnungspolitik.de) war eine Internetplattform, die für eine freiheitliche Ordnung von Wirtschaft und Gesellschaft warb. Die Autoren setzten sich mit Analysen und Kommentaren für eine freie Gesellschaft und freie Märkte ein; Grundlage bildeten die Ideen der europäischen Humanisten, Nationalökonomen und Sozialphilosophen.

Viele herausragende Denker und Praktiker haben einen Beitrag zu einer Ordnung der Freiheit geleistet. Hervorgehoben seien:

- Friedrich August von Hayek
- Ludwig von Mises
- Henry Hazlitt
- Murray N. Rothbard
- Wilhelm Röpke
- Ludwig Erhard
- Walter Eucken
- Anthony de Jasay.

In ihrem Sinne umfasst Ordnungspolitik sowohl die Bemühungen vieler Individuen und Initiativen auf lokaler und regionaler Ebene, die häufig praktisch nach einer freien Gesellschaft streben („Graswurzelbewegungen“), als auch die wenigen Personen und Organisationen, die sich für eine Ordnung der Freiheit stark machen – durch ihr prinzipientreues Eintreten für Freiheit, Recht und Marktwirtschaft sowie ihre Bemühungen um eine Reform von Staat und Gesellschaft insgesamt („Ordnungsansätze“).

Die Ordnung von Wirtschaft und Gesellschaft bestimmt unser Leben auf Schritt und Tritt. Vielen Menschen ist jedoch gar nicht bewusst in welcher Ordnung sie leben und welchen Einfluss diese Ordnung auf ihr Leben und das Leben ihrer Familie, Freunde, Nachbarn und Mitmenschen hat. Das System des Wohlfahrtsstaates bringt beispielsweise automatisch überbordende Bürokratie mit sich und führt über eine zunehmende Zahl vermeintlich kostenloser oder stark subventionierter Angebote zur Überschuldung. Dazu gehören z.B. staatliche Studien- und Kindergartenplätze, die ausufernde Entwicklung, dass niemand mehr seine eigenen Rechnungen, stattdessen aber die seiner Nachbarn bezahlt, z.B. anteilig das neue Auto des Nachbarn über die „Abwrackprämie“ oder Solarpanels über Steuern und steigende Strompreise. Langfristig führt der Wohlfahrtsstaat in eine Sackgasse, weil er zu Überschuldung, Moralverfall, Zentralisierung und Streben nach Größe (Maximalismus) sowie autoritärem Paternalismus führt. Die Gründerväter der sozialen Marktwirtschaft haben sich vehement gegen wohlfahrtsstaatliche Tendenzen zur Wehr gesetzt. Dieses Bewusstsein wach zu halten und dem ordnungspolitischen Verfall entgegenzutreten war ein wesentliches Ziel von Forum Ordnungspolitik.